AF313816

INSTRUCTION

GÉNÉRALE

SUR LE SERVICE

DE LA

PLACE DE LYON

LYON

LIBRAIRIE & PAPETERIE MILITAIRES DE BONNAIRE

23, Rue Gasparin, 23

Angle de la rue Simon-Maupin, 2, près la place Bellecour.

JUIN 1871.

INSTRUCTION GÉNÉRALE
SUR LE SERVICE
DE LA
PLACE DE LYON

AVIS A MM. LES OFFICIERS

MM. les Officiers sont priés de vouloir bien collationner la présente copie avec l'original déposé à la Place, à cause des changements qui peuvent survenir d'un jour à l'autre.

Avis essentiel.

Article premier. — Les instructions suivantes devant recevoir une grande publicité dans chaque corps, seront copiées, sur un cahier spécial, dans toutes les compagnies, escadrons ou batteries, ainsi que les modèles et tableaux qui y sont annexés.

Une copie au moins en sera faite pour l'Etat-Major du corps.

Logement des Officiers et caserne- ment.

Art. 2. — MM. les Colonels, ainsi que les Officiers, doivent se loger le plus à proximité possible des casernes occupées par leur troupe et sur la même rive.

Les Officiers auxquels des logements ont été assignés dans les forts, doivent les occuper réellement, aucune tolérance ne peut avoir lieu à cet égard.

Dans les forts et casernes occupés par divers corps, les chambres des pavillons sont réparties entre les officiers, autant que possible au prorata du nombre des compagnies ou, lorsqu'il n'y a pas de compagnies entières, au prorata du nombre d'hommes de chaque corps qui y est logé.

Conformément à l'art. 29 du règlement du 17 août 1824, ces chambres sont dévolues aux officiers les moins anciens de chaque grade, appartenant aux compagnies logées dans le fort. Sauf, cependant, les dispositions contraires que les chefs de corps jugent convenables de proposer dans l'intérêt de la discipline.

Il est interdit aux officiers d'introduire dans les pavillons et les forts aucune femme autre que celles qui leur seraient unies en légitime mariage ou par les liens de la parenté.

Le drapeau est porté à la caserne en arrivant, et y demeure déposé. Le colonel n'en conserve pas moins une sentinelle à sa porte.

Visites de Corps.

Art. 3. — Les visites de corps sont faites conformément aux prescriptions des art. 197, 299, 302 et 306 du décret du 13 octobre 1863. Toutefois, elles n'ont lieu que sur l'ordre exprès émanant de l'autorité supérieure et faisant connaître le moment où elles devront être faites.

Lorsque la garnison entière fait visite, les corps se présentent dans l'ordre suivant, fixé par l'art. 306, savoir :

Les Etats-Majors.	Le Service de santé.
L'Intendance.	Les Services administratifs.
Le Recrutement.	La Gendarmerie.
La Justice militaire.	Les Corps de troupe selon leur rang.
Les Aumôniers.	

Par application des prescriptions de l'art. 393, les visites des corps et les visites individuelles ne seront faites qu'aux autorités sous les ordres desquelles les corps sont directement placés ; mais, pour celles d'arrivée et de départ, le Chef de corps, après avoir fait prendre leurs ordres, se présentera de sa personne, chez les Généraux employés.

Plantons.

Art. 4. — Dès le lendemain de l'arrivée de la première colonne à Lyon, les plantons suivants sont envoyés, savoir :

1° Un sergent par brigade, chez le général commandant la division ;

2° Un caporal, chez le général commandant la brigade ;

3° Un soldat à l'Etat-Major de la Place (place de Perrache).

Un planton est dû à chacun des capitaines commandant les forts, par le corps qui occupe le fort de sa résidence.

Les plantons ne sont jamais permanents, ils montent avec armes et bagages et dans la même tenue que la garde ; ils sont relevés toutes les 24 heures.

Les plantons doivent toujours être pris parmi les plus intelligents de leur grade.

Tout planton porteur de lettres, dépêches ou papiers, doit être armé de son fusil, carabine ou mousqueton, et savoir lire.

Prise du Service. Situation et Contrôles.

Art. 5. — Chaque bataillon prend le service le lendemain de son arrivée dans la place.

Le jour de l'arrivée de la dernière colonne, une situation de service pour le corps entier, est envoyée à l'État-Major de la Place. (Modèle A.)

Cette situation est ensuite fournie chaque mois, au jour indiqué par le major de la Place.

Le lendemain de l'arrivée de la première colonne, on envoie à l'heure du rapport au bureau de la Place, l'état nominatif de MM. les Officiers supérieurs et Capitaines. (Modèle B.)

Deux jours après l'arrivée du corps, et ensuite le 16 de chaque mois, une situation de casernement, en double expédition, est envoyée au bureau de la Place, par l'Officier de casernement. (Modèle C.)

Dans les trois premiers jours de l'arrivée, l'état des Officiers et Sous-Officiers, susceptibles d'être appelés à siéger dans les Conseils de guerre (Modèle D), est envoyé au Général de division par l'intermédiaire des Généraux de brigade, il est ensuite envoyé de la même manière à mesure des mutations qui le rendent nécessaire.

Quatre jours après l'arrivée du corps, l'état de logement de MM. les Officiers est envoyé au bureau de la Place.

Cet état (Modèle E), est toujours fourni en triple expédition et signé par l'Adjudant-Major ; il est renouvelé et remis à la Place le 16 de chaque mois à l'heure du rapport.

Les 1er, 8, 16 et 24 de chaque mois, les Chefs de corps envoient directement au Chef d'État-Major de la 8e Division militaire (rue Ravez, 3), une situation conforme au Modèle F.

Le 1er de chaque mois, les corps ou fractions de corps adressent directement au Sous-Intendant militaire, chargé du service du casernement et des lits militaires, un état conforme au Modèle C bis.

Responsabilité des Adjudants-Majors.

Art. 6. — Lorsque le corps occupe plusieurs casernes, le service est centralisé dans celle où doit se tenir l'Adjudant-Major de semaine ; c'est là que tous les ordres et dépêches émanant de la Place sont adressés, le nom de cette caserne, ainsi que celui de l'Adjudant-Major de semaine, sont toujours inscrits en tête du rapport journalier.

<table>
<tr><td>Rapport.</td><td>

MM. les Adjudants-Majors de semaine, couchent à la caserne lorsque des chambres y sont préparées à cet effet.

MM. les Adjudants-Majors de semaine sont personnellement responsables de l'exécution de tous les ordres de service. En conséquence, ils leur sont toujours directement adressés, à charge par eux d'en rendre compte à leurs Chefs de corps.

Ils donnent au porteur un reçu motivé et immédiat (Modèle Y) de tous les ordres de service envoyés après le rapport du matin ou celui du soir.

Afin que le Commandant de la Place puisse être mieux assuré de la communication des ordres donnés depuis le rapport, ils les mentionnent le lendemain à l'article reçu du rapport journalier.

Tous les matins, un rapport (Modèle G), résumant tout ce qui s'est passé dans les 24 heures, est envoyé au bureau de la Place par l'Adjudant-Major de semaine; il doit y être arrivé à 7 heures 1⁄2.

Ce rapport indique les patrouilles faites dans chaque caserne, l'heure de leur sortie et de leur rentrée; il mentionne toutes les réquisitions de troupes faites par l'autorité civile, tout service ou prise d'armes extraordinaires, tout mouvement de casernement; mutations d'Officiers; il fait connaître les noms des Officiers, Sous-Officiers et Caporaux prenant le service, de quelque nature qu'il soit, le jour même où le rapport est rendu.

Il fait connaître encore à l'article des faits divers, l'arrivée ou le départ de tout détachement, quelle que soit sa force, le lieu d'où il vient ou celui où il va. Il ndique son effectif et le nom du Commandant. Cet effectif est en même temps porté en gain ou en perte sur la situation.

Les Adjudants-Majors font connaître sans délai, à la Place, tout événement de quelque importance, qui parvient d'une façon quelconque à leur connaissance. Ils mentionnent sur leur rapport du lendemain les événements, accidents et faits de quelque importance survenus dans leur corps, tels que : suicides, morts subites, hommes noyés, homicides, rixes, etc. etc. qui, n'étant pas du seul ressort de la discipline intérieure des régiments, intéressent la police militaire en général, et doivent être connus du Commandant de la Place, afin qu'il puisse en rendre compte.

Lorsque les gardes de police et piquets de caserne agissent en dehors de leurs attributions de police des quartiers, MM. les Adjudants-Majors doivent en rendre compte le lendemain sur le rapport du corps.

Dans chaque batterie d'artillerie détachée, un Lieutenant est chargé de ces divers détails.

</td></tr>
<tr><td>Adjudant de semaine.</td><td>

Art. 7. — Les Adjudants de semaine n'assistent ni aux manœuvres ni aux marches militaires; ils doivent rester à la caserne, afin que s'il y avait quelque ordre important ou pressé à donner à leur corps, ils puissent le transmettre sans délai. Cependant, en cas de nécessité, on peut les faire suppléer par un Sergent-Major ou Maréchal des Logis-Chef.

Tous les matins, ils réunissent le rapport de l'Adjudant-Major, et ceux des Officiers de ronde, de visite, ou d'un service extraordinaire quelconque; ils les envoient au bureau de la Place, où ils doivent être rendus une demi-heure avant l'heure fixée pour le rapport de la Place.

A l'arrivée du Corps dans la garnison, l'Adjudant de semaine fait reconnaître à l'avance les itinéraires que les gardes auront à suivre pour se rendre à leurs postes.

</td></tr>
<tr><td>Sous-Officiers d'ordre.</td><td>

Art. 8. — Le rapport de la Place se fait tous les matins à 8 heures.

Un Adjudant ou un Sous-Officier comptable est désigné dans chaque corps

</td></tr>
</table>

pour ce service. Ce Sous-Officier peut être remplacé au plus souvent tous les mois ; mais le Chef de corps peut le maintenir autant qu'il le juge convenable, et tant que le Commandant de Place n'y reconnaît pas d'inconvénient.

La tenue est celle du matin sans armes.

Chaque Sous-Officier doit être pourvu d'un registre spécial, afin d'y inscrire les ordres, notes, observations, etc. du Commandant de la Place ; il lui est expressément interdit, et sous peine de punition, de les inscrire sur une feuille volante ou au crayon.

L'heure à laquelle le rapport a été terminé est indiquée chaque matin sur les registres des Sous-Officiers d'ordre.

Tous les jours un fourrier est rendu à la place à deux heures, pour y copier les ordres. Ces ordres doivent toujours être écrits sur un registre et jamais sur une feuille volante ni au crayon.

La tenue de ce Sous-Officier est celle du jour et en armes.

L'heure à laquelle les Sous-Officiers d'ordre ont fini de copier les ordres est inscrite chaque jour sur leur registre.

Les ordres de la Division, ainsi que les notes et ordres de la Place, sont communiqués aux Commandants des forts par l'un des fourriers logés dans le fort de leur résidence, et désigné à cet effet par le Chef du corps.

Services pressés. Détails du Service.

Art. 9. — Les lettres ayant pour but un service pressé, une rectification urgente, ou toute autre cause qui exigerait une prompte solution, doivent être adressées à l'Officier de service au bureau de la Place.

Il en est de même pour celles envoyées après six heures du soir, lorsqu'il s'agit d'un service qui doit recevoir son exécution le lendemain au matin.

Toutes les lettres ou notes, concernant les détails particuliers du service, doivent être envoyées à l'adresse du Major ou de l'Officier de service de la Place.

Troupes consignées et réserves.

Art. 10. — Les troupes sont consignées tous les matins dans leurs quartiers jusqu'à la rentrée du Sous-Officier d'ordre.

Cependant, afin que les Militaires aient toutes facilités pour accomplir leurs devoirs religieux, cette consigne n'a pas lieu les dimanches et jours de fête.

Une réserve, dont la force se trouve déterminée au tableau H, reste constamment à la caserne, prête à marcher au premier ordre ou à la première réquisition des autorités militaires ou civiles désignées ci-après :

Pour les Autorités Militaires :

Le Maréchal, ou le Général de Division, commandant la Division territoriale.
Le Général de Brigade commandant la Subdivision.
Le Général Commandant de la Place.

Pour les Autorités Civiles :

Le Préfet ou ses Secrétaires généraux par délégation.
Le Procureur de la République.
Le Commissaire de police en cas d'urgence.

Les réserves sont constamment disponibles ; leurs armes restent formées en faisceaux depuis le réveil jusqu'à la rentrée des patrouilles, les hommes qui les composent couchent dans leurs chambres, mais doivent toujours être prêts à prendre les armes.

Lorsqu'une réserve est appelée à marcher, elle est aussitôt remplacée par une autre composée de la même manière.

*Canonniers
auxiliaires.*

Art. 11. — Les corps occupant les forts fournissent des détachements de canonniers auxiliaires pour le service de l'artillerie de ces forts ; la force en est indiquée au tableau I.

Ces détachements sont toujours tenus au complet ; les hommes qui les composent ne montent la garde qu'aux polices, afin qu'on les ait toujours sous la main ; ils font indispensablement partie des réserves laissées dans chaque fort en cas d'émeute ; ils sont exercés 2 fois par semaine par les soins de l'artillerie, et sont exempts de tout service, les jours de manœuvre seulement.

Le lieu où chaque détachement doit être exercé est indiqué au tableau J.

Lorsque ces détachements sont commandés par des Officiers de leurs corps, ces Officiers ne doivent en rien s'immiscer dans l'instruction qui ne regarde que l'artillerie, et est entièrement sous sa responsabilité.

Les jours où les détachements doivent être exercés, MM. les Adjudants-Majors de semaine s'assurent qu'ils sont au complet ; ils sont responsables de la réunion de cette classe d'instruction.

*Distribu-
tions.*

Art. 12. — Les heures des distributions de toute nature sont indiquées par un ordre de la Place.

Le pain est porté dans toutes les Casernes, excepté au fort Saint-Jean, qui va le chercher à la manutention.

Les fourgons de pain doivent être accompagnés de soldats de corvée, appartenant aux corps auxquels le pain est destiné ; un fourrier par caserne, au moins, accompagne ces fourgons.

Les soldats du train, conducteurs des fourgons, ayant un itinéraire tracé, les Officiers et Sous-Officiers de distribution ne peuvent les forcer à s'en écarter. Ce sont, en outre, les soldats de corvée qui doivent ouvrir, décharger et fermer les fourgons, en un mot, les mettre en état de repartir ; tout cela sous la surveillance de leurs fourriers.

Les casernes ci-après désignées, étant à plus de deux kilomètres des magasins, le chauffage y est porté, savoir :

Fort Sainte-Foy ;	Fort Saint-Jean ;
— Saint-Irénée ;	Caserne du Clos-Jouve ;
— Saint-Just ;	— Bon-Pasteur ;
— Loyasse ;	— Saint-Laurent ;
Fortin de Vaise ;	— La Doua ;
Fort de la Duchère ;	Fort des Charpennes ;
Caserne de Serin ;	— des Brotteaux ;
— l'Ile-Barbe ;	Caserne La Part-Dieu ;
Fort Caluire ;	Fort Villeurbanne ;
— Montessuy ;	— Lamotte.

Les autres casernes envoient prendre le combustible au magasin, rue du Bélier, 12, savoir :

Caserne Perrache ;	Caserne Bissuel ;
— Arsenal ;	— Vitriolerie ;
— Passagers ;	— Colombier.

Les Officiers d'artillerie et de cavalerie de distribution de fourrages devront se conformer à la consigne affichée dans le bureau du magasin, pour le placement des voitures et des chevaux, et éviter avec le plus grand soin que la voie publique soit encombrée.

Quand le transport des vivres et fourrages se fait par entreprise particulière, MM. les Officiers d'État-Major et d'Infanterie peuvent faire transporter leurs fourrages par cette entreprise, mais en ayant soin de s'entendre entre eux pour en faire prendre au moins 200 rations à la fois.

Ils les font prendre à leur gré par mois ou par quinzaine, le 1er et le 16 de chaque mois.

Service des Officiers.

Art. 13. — Les Officiers supérieurs de tous grades et de toutes armes, font la visite des postes ; ils sont accompagnés d'un cavalier d'ordonnance.

Le corps chargé de fournir cette ordonnance leur est désigné par la Place, afin qu'il puisse faire connaître à l'Adjudant-Major de ce corps l'heure et le lieu auxquels le cavalier devra se rendre.

Ils font des rondes de nuit quand cela est jugé utile.

La Place commande nominativement les Officiers supérieurs de visite, et les Capitaines de visite d'hôpital et prison.

Elle commande numériquement et proportionnellement à leur nombre, les Capitaines de garde, de visite des postes, de ronde et autres services, ainsi que les Lieutenants et Sous-Lieutenants de garde, de ronde et autres services.

Les Officiers de ronde ou de visite doivent s'inscrire eux-mêmes et remplir toutes les colonnes du tableau destiné à cette inscription, sur la feuille du rapport de chaque poste.

Les tableaux K, L, indiquent la division des postes pour ces divers services.

Ces tableaux doivent toujours être affichés dans la salle du rapport, afin que les Officiers puissent les consulter, quand il est besoin, et s'y conformer exactement.

Les Officiers de l'État-Major des Places ont à grade égal, et quelle que soit l'ancienneté relative, autorité sur les autres Officiers, dans tout ce qui est afférent au service de la Place.

Membres des Conseils de Guerre et Commission de Vérification.

Art. 14. — Les membres des Conseils de guerre ne sont exemptés de service que pour les jours où ils doivent siéger.

Lorsqu'ils doivent avoir séance, ils en informent le Major de Place à l'avance.

Les membres des Parquets sont exempts de tout service.

Les membres des Commissions de vérification d'effets militaires sont exempts de service pendant la durée des opérations.

Tenue des Militaires de Service.

Art. 15. — Les gardes d'honneur montent en grande tenue, les autres montent dans la tenue du jour.

Elles n'ont point les jugulaires sous le menton, ni le tampon au bout du fusil.

Les Sous-Officiers, Caporaux et Soldats dont les schakos ou autres effets sont en réparation, et qui ne pourraient être dans la même tenue que les autres, ne montent pas la garde dans la ville, on les laisse aux gardes de police ou des forts.

Les dimanches et jours de fête, les gardes montent toujours en grande tenue, à moins d'un ordre contraire du Commandant de la Place.

Les Caporaux de pose ont sac au dos comme les Sentinelles quand ils vont relever.

Les Sentinelles se placent dans la guérite pendant la faction.

Les Clairons de service ont la giberne et le fusil.

Les postes prennent les armes sans sac, pour rendre les honneurs et recevoir les visites de rondes.

Les Officiers, Sous-Officiers, Caporaux et Soldats d'un service quelconque, décorés de la Légion d'honneur ou de la Médaille militaire, doivent porter la décoration d'ordonnance, il en est de même pour la Médaille de la reine d'Angleterre, et tous les autres ordres étrangers.

Les gardes de police et gardes du drapeau dans toutes les armes seront dans la même tenue que les gardes de la Place.

Les Tambours, Clairons et Trompettes des polices font le service en schako ou casque.

Les Officiers et Sous-Officiers de corvée après midi, sont dans la tenue du jour, aucun service intérieur ou extérieur ne pouvant se faire après cette heure sans que ceux qui en ont le commandement ou la surveillance soient dans la tenue du jour.

Les Sapeurs de planton chez les Colonels ou les Officiers supérieurs sont dans la même tenue que la garde.

Toutes les fois qu'ils portent des dépêches, ils sont armés du fusil.

Les Sous-Officiers, Caporaux et Soldats de planton, montent le sac au dos, ils ont soin de le rapporter le soir à la Caserne quand ils ne couchent pas, et de le reprendre le lendemain matin.

Les Chasseurs à pied ne montent point la garde avec le manteau déployé, ils ne le mettent point non plus quand la garde prend les armes ; seulement dans les temps de pluie où de froid, les chefs de poste peuvent autoriser les hommes à s'en servir, mais individuellement et non comme tenue.

Les Sentinelles ne le portent jamais en faction. La capote de guérite leur en tenant lieu et suffisant à les garantir.

Gardes montantes et descendantes.

Art. 16. — Les gardes montantes défilent dans leurs quartiers respectifs, de manière à être rendus à midi au poste le plus éloigné.

Les jours de revue trimestrielle ou toute autre, passée par les Officiers Généraux, de revues administratives, de manœuvres de division ou de brigade ou de marches militaires, les corps sont de règle autorisés à ne relever leurs gardes qu'après la rentrée des troupes, il suffit que la Place en soit prévenue par le rapport du matin ; dans ce cas les gardes partent une heure, au plus tard, après leur rentrée à la caserne.

Dans toute autre circonstance, l'autorisation de relever les gardes à une autre heure que celle ordinaire, doit être demandée à l'avance par la voie du rapport.

Service au Quartier-Général.

Art. 17. — La garde du Quartier-Général est toujours accompagnée d'un Tambour ou d'un Clairon.

Quand la garde se rend au poste, le tambour bat ou le clairon sonne, comme s'il y avait un officier à sa tête.

Le corps de cavalerie qui monte la garde au poste des écuries Bissuel, fournit le même jour un Maréchal des Logis à cheval au Quartier-Général, et deux cavaliers également de planton et à cheval à l'Etat-Major général, rue Ravez, 3.

L'artillerie envoie également un brigadier de planton au Quartier-Général, mais il est à pied.

Marche dans les rues.

Art. 18. — Les gardes montantes et descendantes, ainsi que tout détachement, doivent marcher par le flanc dans les rues. Lorsqu'elles rencontrent d'autres troupes, ou passent devant les postes, elles rendent les honneurs, conformément aux prescriptions des articles 322, 323 du décret du 13 octobre 1863.

Elles marchent constamment sur le milieu de la voie publique, et ne prennent jamais le trottoir des rues, ni les contre-allées des quais, cours ou promenades.

Les détachements nombreux et les corps entiers sont seuls autorisés à marcher par sections, les trottoirs restant toujours entièrement libres.

Les gardes montantes mettent la baïonnette au canon à 50 pas du poste.

Lorsque les gardes montantes ou descendantes rencontrent un Officier Général sur le chemin qu'elles parcourent, elles portent les armes sans s'arrêter, le tambour bat au champ ou est prêt à battre, selon qu'elles montent ou descendent. Dans le même cas, les poses de sentinelles portent les armes.

Un arrêté préfectoral, en date du 23 juin 1853, interdit aux voitures et charrettes, ainsi qu'aux cavaliers, de rompre les détachements de troupes.

Les Commandants des détachements doivent donc dans le cas où des voitures, charrettes ou cavaliers contreviendraient à cette défense, prendre les numéros, noms et adresses, et envoyer sans délai un rapport au Commandant de la Place.

Les gardes montantes ou descendantes, ainsi que les corvées de la cavalerie, doivent toujours marcher par deux et au pas.

Instruction pour les Chefs de poste.

Art. 19. — Un avis sur la manière de faire la théorie, est placé en tête de chaque consigne affichée dans les corps-de-garde. Les Adjudants-Majors ne sauraient trop recommander à leurs Chefs de poste de lire cet avis en arrivant et de s'y conformer exactement.

Dans le nombre d'hommes nécessaire pour la formation des postes, sur un ou deux rangs, on doit comprendre non-seulement les sentinelles, mais encore l'Officier, le Sergent, les Caporaux et le Tambour.

Les Chefs de postes doivent toujours obtempérer aux ordres verbaux ou écrits venant des Officiers de l'Etat-Major de la Place.

Toutes les fois que des gardes d'honneur, de police ou autres, sont placées dans un corps-de-garde où il y a déjà un poste établi, elles sont considérées comme faisant partie intégrante de la garde, et forment la gauche de la 2ᵉ section.

Les alentours des corps-de-garde doivent être balayés par les soins des hommes de service.

Toute faute contre les règlements, instructions et consignes, est imputée au Commandant de la garde, lequel subit ainsi les conséquences de son manque de surveillance.

Les gardes des forts font partie des postes de la Place, mais elles sont en même temps gardes de police; en conséquence, tout en restant sous la surveillance immédiate de leur corps, elles n'en sont pas moins sous les ordres et la surveillance des Officiers de l'Etat-Major de la Place.

Il est interdit aux Officiers, Sous-Officiers, Caporaux et Soldats de service d'amener et garder les chiens aux corps-de-garde et de s'en faire suivre.

Dégradations aux corps-de-garde.

Art. 20. — Tout Chef de poste est pécuniairement responsable des dégradations faites, soit aux locaux, soit au mobilier, et provenant de négligence, maladresse ou autres causes, lorsqu'il ne les aura pas signalées.

Ces dégradations sont payées au fur et à mesure de leur constatation.

Rapport sur les divers services.

Art. 21. — Tout service quelconque commandé par la Place, nécessite un rapport de la part de celui qui en a été chargé.

Les Officiers de visite, de ronde ou tout service autre que celui des gardes, envoient leurs rapports cachetés le matin à la Place par l'intermédiaire de l'Adjudant de semaine, et assez à temps pour que celui-ci puisse le faire parvenir en même temps que le rapport journalier du corps. (Voir l'article 5). Ils sont à l'adresse du Commandant de la Place, et portent en inscription : RAPPORT.

Lorsque MM. les Officiers emploient une autre voie de transmission, ils sont responsables de tout retard.

MM. les Officiers de visite ou de ronde ne doivent point se contenter de signaler d'une manière générale les irrégularités qu'ils remarquent dans le service, ils indiquent en outre les noms des postes où ces irrégularités ont été commises.

Lorsque des Officiers de visite à l'hôpital ou à la prison se sont vus dans la nécessité de consigner des observations sur le registre, ces observations doivent être textuellement reproduites sur leur rapport.

Ils doivent aussi, avant de transmettre les réclamations des malades ou des détenus au Commandant de la Place prendre des renseignements et s'assurer qu'elles aient quelque apparence de fondement.

Les modèles des différents rapports se trouvent à la fin de la présente instruction (Lettres M. N. O.), on devra se conformer exactement, non seulement à leur rédaction, mais aussi à leur format qui est de 20 cent. sur 29.

Rapport des postes.

Art. 22. — L'heure à laquelle les ordonnances des postes doivent être rendues le matin à l'Etat-Major de la Place, est indiquée sur la feuille du rapport.

Cette feuille imprimée est donnée tous les matins à chaque ordonnance pour le rapport du lendemain ; tous les tableaux qui y sont contenus doivent être remplis avec une grande exactitude. Les inscriptions doivent être attentivement faites dans la case qui leur est destinée, il y est rendu compte de tous les événements quelque peu importants qu'ils puissent paraître.

Les motifs des punitions doivent être clairement et minutieusement expliqués.

Mot d'ordre.

Art. 23. — Le mot d'ordre est envoyé chaque matin par l'entremise du Sous-Officier d'ordre à l'Adjudant-Major de semaine, il est enfermé dans une boîte dont cet Officier seul a la clef.

L'Adjudant-Major donne le mot aux Chefs de poste à l'heure de la garde montante, et le transmet avant la nuit aux Chefs de patrouilles, Officiers et Sous-Officiers de service de nuit, etc. etc.

Le billet contenant le mot doit toujours rester entre les mains de l'Adjudant-Major, qui le détruit le lendemain matin, afin qu'il ne puisse pas être confondu avec celui du jour, et éviter ainsi toute erreur.

Toute troupe ou détachement, marchant ou rentrant après la retraite, doit recevoir le mot d'ordre avant de quitter la caserne.

Exécutions de jugements.

Art. 24. — Les exécutions de jugements ont lieu à la parade sur la place Bellecour.

Les gardes sont divisées en pelotons de 12 files sur 2 rangs ; chaque peloton est commandé par un Officier en hausse-col.

Les gardes se placent toujours d'après leur ordre de brigade, il en est formé deux bataillons, commandés par les Capitaines de garde ou de service, désignés à cet effet par la Place.

La loi exigeant que chaque corps soit représenté aux exécutions de jugements par un détachement, ce détachement forme un peloton de 12 files sur deux rangs commandé par un Officier en hausse-col, il est dans la même tenue que la garde, il a un Sous-Officier de serre-file ; la réunion de ces divers détachements, placés aussi selon leur ordre de brigade, forme un bataillon sous les ordres de l'un des Capitaines de visite, désigné par la Place.

Ce bataillon prend la gauche de ceux des gardes.

Lorsque des corps entiers doivent assister à la parade, le nombre des bataillons ou escadrons qu'ils ont à fournir est indiqué par la Place, les bataillons sont toujours de 6 pelotons de 12 files ; le plus ancien des Chefs de corps prend le commandement.

Les corps entiers qui doivent assister à la parade, ont le drapeau, et sont dans la même tenue que les gardes, ils ne fournissent pas dans ce cas le détachement prescrit plus haut par le 4e paragraphe. Les gardes sont extraites des rangs à l'avance, et prennent rang avec celles des autres régiments.

Ces corps ont également un peloton d'ordre.

Le peloton d'ordre de chaque régiment est composé conformément à l'ordonnance.

Le Chef de Bataillon ou d'Escadron, l'Adjudant-Major et les Officiers de semaine, assistent à la parade ; tous ces Officiers sont en tenue du jour sans hausse-col ni giberne.

Les troupes doivent être rendues à midi moins 20 minutes sur la place Bellecour, dans la tenue ordinaire des gardes, à moins qu'il n'ait été donné d'ordre contraire.

En arrivant sur la place, jusqu'à ce qu'elles soient formées en bataille, les troupes se mettent au port d'armes, les tambours ou la musique cessent de battre ou jouer.

Les pelotons d'ordre doivent être ramenés à leurs quartiers, marchant par le flanc.

Les condamnés sont amenés sur la place par un détachement qui va les chercher à la prison ; on les fait passer par la rue Saint-Joseph, en allant et en retournant.

L'Officier commandant empêche par tous les moyens possibles, et sous sa responsabilité personnelle, les condamnés de quêter et de recevoir de l'argent ; à cet effet, l'escorte, au lieu de les serrer de près, se tient de chaque côté de la rue ou trottoir, de manière à éloigner les curieux et les empêcher de rien passer. Un caporal et 4 hommes marchent à côté des détenus pour les surveiller et les empêcher de ramasser l'argent qu'on leur jetterait, ou de tendre la main aux personnes qui viendraient pour leur en donner.

L'Adjudant-Major du corps désigné pour fournir cette escorte aura soin de renouveler chaque fois l'instruction ci-dessus à l'Officier commandant.

Les escadrons casernés à la Doua ne fourniront plus de peloton d'ordre, lorsqu'il y aura parade d'exécution sur la place Bellecour.

Il est bien entendu que ces escadrons devront y paraître lorsque leur corps tout entier devra y assister.

Parades du Dimanche.

Art. 25. — Les parades du dimanche ont lieu sur la place Bellecour.

Chaque régiment d'infanterie fournit un bataillon de six pelotons, de 12 files sur deux rangs. Les gardes sont comprises dans ces pelotons ; il y a un Officier et deux Sous-Officiers de serre-file attachés à chacun. Les Tambours et Clairons sont au complet d'un bataillon. Ce bataillon a une garde du drapeau et un fanion.

Chaque bataillon de chasseurs à pied fournit un bataillon composé de la même manière, sur deux rangs.

Les Sous-Officiers, Caporaux et Soldats sont porteurs de leurs effets de campement au complet, y compris les bâtons des tentes-abris. Les hommes de garde en sont seuls exceptés.

Quatre Sapeurs, sans haches, mais armés de fusils, sont attachés à chaque bataillon pour servir de jalonneurs. Ils sont placés derrière la première et la dernière division. Ceux du bataillon qui a la musique sont en hache et tablier.

L'artillerie fournit une batterie attelée, chaque pièce est suivie d'un seul caisson.

Les Sapeurs du génie fournissent une compagnie composée de deux pelotons, de 12 files sur deux rangs.

Les régiments de cavalerie envoient chacun un escadron.

Toutes les troupes doivent être rendues sur le terrain à midi moins 20 minutes : elles sont en grande tenue, l'infanterie sans gants, mais avec les jugulaires sous le menton.

Les chevaux des Officiers supérieurs d'infanterie ont le tapis de grande tenue et le porte-manteau.

En arrivant sur la place, les troupes portent les armes, les tambours cessent de battre, les musiques de jouer et les trompettes de sonner.

Un peloton de cavalerie, commandé par un Maréchal-des-Logis, et composé de 25 cavaliers et un trompette, est chargé de la police de la place, il la fait évacuer par le public.

Cinq hommes de ce piquet, commandés par un brigadier, sont employés à faire rester constamment libre la communication entre la place Bellecour et celle de la Charité.

Les Officiers de toutes armes assistent à ces parades en grande tenue, hausse-col, ceinturon d'or ou d'argent.

Un Colonel ou Lieutenant-Colonel est désigné à tour de rôle pour prendre le commandement général de toutes les troupes.

Un Chef d'Escadron est également désigné à tour de rôle pour prendre le commandement des Escadrons de cavalerie sous les ordres du Commandant général.

Un Colonel ou Lieutenant-Colonel, commandant les troupes, doit être accompagné d'un cavalier d'ordonnance, qui lui est fourni par le piquet chargé de la police de la place, sur l'invitation qu'il en fait au Maréchal-des-Logis commandant.

Les sapeurs, les tambours et la musique d'un régiment d'infanterie assistent toujours à la parade ; ils sont fournis par le régiment du Colonel ou Lieutenant-Colonel qui prend le commandement des troupes, et défilent en tête de la colonne, les sapeurs ont la hache et le tablier, la musique est sans sac.

Le bataillon de ce régiment a le drapeau.

Une musique de cavalerie est désignée pour défiler en tête de la cavalerie.

Lorsque la parade est commandée par un Colonel ou Lieutenant-Colonel de cavalerie, l'escadron du même régiment a l'étendard et la musique.

Le Colonel et les Chefs de bataillon qui commandent les troupes sont seuls à cheval.

Les corps sont rangés par ordre de brigade, et dans chaque brigade par ordre de bataille de régiment.

Chaque corps, artillerie, génie, infanterie, cavalerie, a un peloton d'ordre composé conformément à l'ordonnance. Ces pelotons sont rangés par brigade et par régiment, mais dans l'ordre inverse à celui des troupes ; ils sont placés sur la promenade, en arrière des bassins, et divisés en deux sections séparées par les deux lignes de pierres qui conduisent de l'entrée de la place à la statue. Le Colonel ou Lieutenant-Colonel commandant la parade, doit aussitôt après que le commandement lui a été remis par le Major de la Place, faire numéroter les bataillons et rectifier l'alignement qui se prend sur le bataillon de droite de chaque face.

Après que le Maréchal est passé à cheval devant chaque bataillon, le Chef de ce bataillon le fait reposer et mettre en place repos.

M. le Maréchal ayant passé devant tous les bataillons, l'Officier commandant la parade fait ouvrir les rangs, puis reposer sur les armes et mettre en place repos.

Lorsque le Maréchal passe à pied devant chaque régiment, le Chef de corps, sans mettre l'épée à la main, l'accompagne devant sa troupe.

Après que chaque bataillon a été inspecté, le Chef de bataillon fait serrer les rangs, reposer sur les armes et le met en place repos, les tambours se réunissent promptement alors à ceux de la droite de la ligne.

Pendant toute la durée de la parade, il est enterdit aux tambours de mettre la caisse à terre, ils doivent la conserver suspendue et se tenir prêts à battre.

Après avoir passé la revue des troupes, M. le Maréchal les fait manœuvrer ; les manœuvres cessent au signal d'un roulement fait par tous les tambours réunis par ordre de brigade ; à ce signal, les Officiers se placent devant leurs pelotons d'ordre.

Pour le défilé, le Maréchal, commandant en chef, se place du côté de la promenade, à hauteur et face à la statue.

Les troupes défilent au port d'armes.

L'artillerie défile entre l'infanterie et la cavalerie. Les hussards défilent en tête de la cavalerie, viennent ensuite les chasseurs, les dragons, et enfin les cuirassiers.

La cavalerie entre sur la place par l'angle nord-est, aussitôt que le mouvement de l'artillerie le lui permet, et sans laisser d'intervalles, elle suit l'artillerie jusqu'à ce que le dernier escadron soit formé sur la place.

Chaque bataillon d'infanterie après avoir défilé, sort sans s'arrêter par l'angle sud-est, et va se masser au haut de la place de la Charité, laissant sur son flanc gauche le plus d'espace possible. Quand la colonne est entièrement serrée en masse, on fait sortir les gardes, et elles partent aussitôt pour leurs postes, en ayant soin de ne jamais traverser la place Bellecour, ni faire battre la caisse.

Les gardes étant sorties des rangs, et les bataillons réorganisés, les troupes rentrent dans leurs casernes, mais en ne faisant battre la caisse ou jouer la musique, que lorsqu'on est assez éloigné, pour ne pas être entendu de la place.

L'artillerie, après avoir défilé, fait tête de colonne à gauche au bout de la place, pour aller sortir à l'angle de la rue de la Barre (nord-est), et se retire par la rue de Lyon. Celle de Bissuel par la rue de la Charité.

La cavalerie, après avoir défilé, contourne intérieurement la place pour sortir par l'angle du côté de l'hôtel de l'Europe (nord-ouest).

Le tambour-major, les tambours et la musique qui ont fait défiler, ne quittent leur place qu'après le défilé et avoir battu à l'ordre.

Le défilé étant terminé, les tambours battent à l'ordre ; à ce signal, MM. les Chefs de corps, et MM. les Officiers supérieurs forment un cercle autour de M. le Maréchal commandant en Chef, pour recevoir ses ordres.

Le peloton de cavalerie, chargé de la police de la place, entoure aussitôt le cercle pour en tenir les curieux éloignés.

Le cercle des Officiers étant rompu, les pelotons d'ordre forment un cercle par section. Le Commandant de la Place entre dans l'un, et le Major dans l'autre, pour y donner des ordres.

Chaque Adjudant-Major de semaine doit entrer dans le cercle dont fait partie son régiment. Ce cercle étant rompu, chaque régiment en forme un particulier.

Lorsque M. le Maréchal commandant en Chef arrive sur la place, son escorte se range dans la rue du Pérat, en laissant libre la rue Bourbon.

Un caisson d'ambulance assiste toujours à la parade, ainsi qu'une section d'infirmiers. Ils se placent à la gauche de l'artillerie pendant les revues et les manœuvres et vont, lorsque le défilé commence, se placer à la gauche de la colonne d'infanterie pour défiler après elle. Après le défilé de l'infanterie, le caisson et les infirmiers se retirent par la rue de la Charité.

Prises d'armes.

Art. 26. — Toutes les fois qu'il y a une prise d'armes, telle que parade, revue, manœuvre d'ensemble, promenade militaire ou simulacre d'attaque et, à laquelle M. le Maréchal commandant en Chef doit assister, les corps désignés pour en faire partie, soit en totalité, soit par fraction, envoient au bureau du Chef d'Etat-Major général, rue Ravez, 3, une situation conforme au modèle ci-contre.

^e **Régiment**

SITUATION *sur le Terrain, à la prise d'armes du*

DÉSIGNATION de la BRIGADE	NOMBRE des Bataillons ou Escadrons	OFFICIERS	TROUPE	CHEVAUX	VOITURES	OBSERVATIONS

Lyon, le

Le Colonel (ou le Chef de corps),

Les situations pour les parades du dimanche doivent être remises le même jour, au bureau du Chef d'Etat-Major général, le matin avant 9 heures, rue Ravez, n° 3.

Pour les autres prises d'armes, ces situations seront remises plusieurs heures avant celle fixée pour la réunion des troupes, afin que le Chef d'Etat-Major ait le temps de dresser une situation générale.

Service de Surveillance.

Art. 27. — Un service de surveillance a lieu les dimanches et jours de fêtes, il est composé conformément au tableau P.

Il a pour but de faire explorer les lieux les plus fréquentés par la garnison, d'empêcher les collisions entre militaires, ou entre militaires et bourgeois ; de faire arrêter les militaires qui troublent l'ordre, seraient en mauvaise tenue ou se conduiraient mal, ceux qui exerceraient quelque industrie, ou imploreraient la charité publique, sousun prétexte quelconque, comme cela est arrivé plusieurs fois.

Tous ces militaires sont envoyés à la Place, qui prononce sur leur compte.

Ce service commence à 5 heures de l'après-midi, du 1er novembre au 28 février, et à 6 heures, du 1er mars au 31 octobre, pour finir une heure après la retraite ; l'Officier qui le dirige est en hausse-col.

Les Sous-Officiers et Caporaux sont en giberne et fusil suspendu à l'épaule.

L'Officier divise ses hommes de deux en deux, de manière que chaque Sous-Officier ait avec lui un Caporal. A la nuit, il les réunit par groupes de 4.

L'Officier de service va prendre son peloton à la caserne, et le conduit en ordre au lieu indiqué pour la station, le plus ancien Sergent-Major de chaque caserne ramène les Sous-Officiers et Caporaux.

Un rapport est envoyé le lendemain à la Place, il est conforme au modèle O bis.

Cartouches.

Art. 28. — Tout Sous-Officier, Caporal et Soldat de garde, piquet, patrouille ou d'un service quelconque, doit avoir un paquet de cartouches, plus deux cartouches libres dans la giberne ; les Chefs de Bataillon et Adjudants-Majors de semaine y veillent.

Ce paquet doit rester intact tant qu'il n'est pas nécessaire de faire usage des armes.

Il ne doit être fait usage des armes que dans les cas extrêmes, et pour repousser la force par la force.

Les Chefs de corps doivent prescrire les mesures les plus sévères pour la conservation des cartouches ; tout homme auquel il en manque, sans qu'il puisse justifier de leur emploi, est sévèrement puni.

Services indemnisés.

Art. 29. — Le produit des services payés est reparti moitié aux hommes, moitié à l'ordinaire.

Le paiement est effectué le 1er de chaque mois sur un état Modèle Q, signé par le Colonel et visé par le Commandant de la Place.

Les postes indemnisés sont :

1° La Banque, à raison de 4.75 par jour.
2° Le Mont-de-Piété, à raison de 4.75 par jour.
3° Gare de Perrache, à raison de 3.75 par jour.
4° Crédit Lyonnais, à raison de 3 fr. par jour.

Les autres services accidentels sont payés immédiatement, et suivant le tarif R annexé à la présente Instruction.

Retraite.

Art. 30. — La retraite est battue sur les emplacements indiqués au tableau S. Les Tambours-Majors ou les Caporaux tambours s'y trouvent et font l'appel.

Lorsque plusieurs corps battent la retraite sur le même lieu, les Tambours-Majors alternent entre eux par semaine.

Les Tambours pour rentrer à leurs quartiers, doivent suivre l'itinéraire tracé par le tableau S, que l'Adjudant doit faire connaître au Tambour-Major.

Ils suivent le milieu de la rue, et ne montent jamais sur les trottoirs ; ceux qui ont à gravir des côtes escarpées, cessent de battre au bas de la montée pour recommencer lorsqu'ils sont en haut.

Lorsque les tambours se fractionnent pour rentrer à leurs casernes, le Tambour-Major ou un Caporal-tambour doit toujours être à la tête de chaque fraction pour la diriger, à moins pourtant qu'elle ne soit trop peu nombreuse.

Les Sergents-Clairons des chasseurs à pied n'alternent point avec les Tambours-Majors pour le service de la retraite. Il est défendu aux tambours de fignoler en la battant.

Appel du soir.

Art. 31. — L'appel se fait une heure après la retraite, il n'est point envoyé de billet au bureau de la Place.

Les hommes qui ont découché sont portés nominativement sur le rapport de l'Adjudant-Major de semaine le lendemain matin.

Permissions.

Art. 32. — Toutes les permissions pour rester en ville après l'appel du soir sont soumises au visa de la Place, où elles doivent être présentées avant deux heures de l'après-midi. Un bordereau indiquant le nombre de permissions de chaque espèce demandées est joint aux permissions, il est signé par l'Adjudant.

Les militaires rencontrés dehors après l'heure ordinaire de la rentrée sont tenus, lorsqu'ils en sont requis, d'exhiber leur permission à tout Supérieur qui la leur demande, aux Chefs de poste, à la gendarmerie et aux agents de police.

Les permissions de 24 heures ou plus, accordées aux militaires pour rester à Lyon, ne leur sont données qu'afin de leur permettre de passer ce temps dans leur famille ou chez des parents ; mais jamais ils ne peuvent aller le passer dans les auberges ou autres lieux publics, ceux qui y seraient rencontrés seraient arrêtés et conduits à l'Etat-Major de la Place pour être ensuite punis.

Lorsque des militaires ont découché, MM. les Chefs de Corps, après s'être entourés des renseignements les plus positifs, signalent au Commandant de la Place les hôteliers, aubergistes et autres maîtres de maisons publiques qui auraient donné asile à ces hommes, afin que des poursuites soient exercées contre eux ; mais comme il n'y a point de poursuites à exercer lorsqu'ils ont couché chez des particuliers, dans ce cas il n'est point envoyé de bulletin.

Les permissions de la nuit sont considérées comme de 24 heures et ne doivent être accordées qu'avec la plus grande réserve.

Patrouilles faites par les casernes.

Art. 33. — Les troupes occupant chaque caserne, quelle que soit l'arme à laquelle elles appartiennent, font chaque soir une patrouille dont la force et le parcours sont déterminés par le tableau T. Elles sont faites par les piquets ou par des hommes commandés exprès ; elles ont pour but d'arrêter les perturbateurs et les militaires qui seraient dehors après l'appel du soir sans être munis d'une permission.

L'heure du départ des patrouilles est de 9 heures à minuit, et doit durer au moins une heure.

Leurs itinéraires ne sont point tracés par la Place ; seulement il est assigné à chaque corps un arrondissement que ces patrouilles doivent parcourir, dans l'espace de deux ou trois jours, selon son étendue. Les itinéraires sont tracés en conséquence par le corps, elles partent chaque jour à des heures différentes, mais dans les limites tracées par le paragraphe 2 du présent article.

On les combine entre elles de manière qu'elles ne partent pas toutes à la même heure des différentes casernes occupées par le corps.

Toutes les fois que ces patrouilles passent à proximité d'un poste, elles doivent s'y faire reconnaître et s'y inscrire.

Elles sont mentionnées sur le rapport de l'Adjudant-Major de semaine qui fait connaître ce qu'elles ont pu remarquer.

Lorsque plusieurs corps sont logés dans la même caserne, ils s'entendent entre eux pour les patrouilles.

Les patrouilles de cavalerie se font le sabre à la main, les chevaux ont la schabraque et le porte-manteau garni.

Horloge sur laquelle on règle le service.

Art. 34. — Les heures de service sont toujours réglées sur l'horloge de l'église de la Charité.

Batteries et sonneries.

Art. 35. — Il est défendu en toute saison de battre la caisse, faire sonner les clairons, ou jouer la musique dans les rues avant 8 heures du matin.

En toute circonstance, les tambours ne doivent battre que l'ordonnance pure, il leur est interdit de fignoler avant de commencer ou après avoir fini une batterie quelconque.

Le ban se ferme par un roulement très-court et jamais par un rigodon.

Officiers en hausse-col.

Art. 36. — Afin d'empêcher que les postes ne prennent inutilement les armes, les Officiers qui ne sont par de service de place doivent éviter de passer devant les corps de garde porteurs du hausse-col.

Tenue.

Art. 37. — La tenue bourgeoise est formellement prohibée.

Au commencement de chaque saison, un ordre de la Division prescrit la tenue. Les dimanches et jours de fête la garnison prend la grande tenue. Les Officiers conservent le ceinturon de cuir.

La tenue du jour se prend à midi, Les militaires de tous grades, rencontrés en tenue du matin après cette heure sont punis.

La tunique, l'habit, la veste et la capote doivent en toute saison être agrafés et boutonnés du haut en bas.

Les militaires dont les effets, et particulièrement le schako, sont en réparation, sont retenus à la caserne, personne ne devant, sous aucun prétexte, sortir autrement qu'en tenue du jour.

Conformément à la décision du 28 mars 1837, MM. les Officiers d'artillerie employés aux arsenaux, ateliers, magasins, et ceux du génie, employés aux travaux, pourront conserver la tenue du matin jusqu'à la sortie du soir des ouvriers.

L'usage du pantalon blanc est interdit d'une manière absolue, sauf pour les corps de la Gendarmerie et des Sapeurs-Pompiers (décision du 24 mai 1860).

Les pantalons de toile grise sont formellement défendus aux Officiers et Gardes d'artillerie et du génie lorsqu'ils sont sur les travaux.

Musiques.

Art. 38. — Pendant toute l'année il y a musique chaque jour sur la place Bellecour ; il n'y en a sur les autres places publiques que les dimanches et jours de fêtes du 1er avril au 31 octobre.

Les musiciens sont en grande tenue (Ordre du 25 mars 1857).

Aucune musique ne peut aller jouer dans les cérémonies ou établissements publics, donner des sérénades ou aubades, sans une autorisation du Commandant de la Place.

Il est également interdit aux musiques ou musiciens isolés d'aller jouer dans les théâtres, guinguettes, cafés ou jardins publics, à moins d'une autorisation du Commandant de la Place.

Cette autorisation, en ce qui concerne les musiciens isolés, ne sera accordée que sur le vu d'une déclaration du chef d'établissement et du Commissaire de police du quartier, constatant qu'il n'a pas été possible de trouver des musiciens civils.

L'autorisation sera toujours individuelle.

Lorsque, au moment où une musique commandée pour aller jouer sur une place publique va partir de la caserne le temps est mauvais, l'Adjudant-Major de semaine est autorisé à lui donner contre-ordre. Il en prévient immédiatement la Place. Quand le temps est incertain, il la laisse partir.

Défense de galoper dans les rues et de traverser les places à cheval.

Art. 39. — Il est défendu aux militaires de tous grades et aux ordonnances de cavalerie de parcourir les rues au galop ou à une allure trop accélérée, ni traverser aucune place publique à cheval ; il leur est enjoint de toujours prendre le pas en tournant les rues.

Les Chefs de poste et la Gendarmerie ont ordre d'arrêter et prendre les noms et numéros des contrevenants. Ces indications sont envoyées au bureau de l'Etat-Major de la Place.

Les troupes de cavalerie ne doivent jamais traverser à cheval les places publiques, et notamment les allées du midi à Perrache et la place Bellecour. Elles doivent suivre constamment les chaussées pavées.

Aucun militaire, quel que soit son grade, ne peut traverser à cheval aucune place publique, et notamment celle de Bellecour.

Les Officiers de service qui vont visiter le poste de cette dernière, sont seuls autorisés à y passer, encore doivent-ils le faire au pas.

Passage des ponts.

Art. 40. — Lorsqu'une troupe doit passer sur un pont suspendu, toute batterie, sonnerie ou musique cesse. L'infanterie rompt le pas cadencé.

Il est interdit de passer au nombre de plus 30 hommes sur une travée, et encore ces 30 hommes doivent-ils être divisés en deux files

La baïonnette doit être remise dans le fourreau.

La cavalerie marche au pas sur une seule file, au nombre de 20 hommes au plus, sur une travée.

Il est défendu de séjourner sur les ponts, même aux hommes isolés.

Les cavaliers isolés passent au pas, il en est de même des voitures, prolonges, etc. qui, en outre, laissent un intervalle de 15 pas entre elles.

Travailleurs pour l'Artillerie.

Art. 41. — Afin de né point entraver les travaux d'artillerie, toutes les fois que dans les forts il est demandé des hommes de corvées par les employés de cette arme, tels que Gardes, Gardiens de batterie, ou par des Maréchaux des Logis, et pour des corvées de courte durée, ces hommes sont fournis sans autre formalité.

Les Soldats de corvée permanente à l'arsenal sont défalqués du chiffre de la colonne des disponibles sur la situation de service, et inscrits sur la colonne des travailleurs à l'artillerie.

Il en est de même pour tous les travailleurs qui ne sont payés qu'à raison de 0,05 centimes l'heure, quel que soit leur travail.

Les ouvriers rétribués à raison de 10 centimes, devant faire faire leur service et le payer, sont maintenus dans la colonne des disponibles, pour être compris dans la répartition d'hommes à fournir par le corps.

Lorsque des compagnies viennent à être détachées, elles laissent à Lyon les hommes employés à l'arsenal en qualité d'ouvriers, les dérouilleurs ne sont pas dans ce cas.

Exercices à feu et Marches militaires.

Art. 42. — Lorsque MM. les Chefs de corps sont dans l'intention de faire faire l'exercice à feu, ils en préviennent le Commandant de la Place la veille au rapport, en faisant connaître l'heure et le lieu.

Lorsque les corps exécutent des marches militaires, ils font toujours connaître d'avance leur itinéraire au Commandant de la Place, par leur rapport de la veille ou du matin, selon l'heure du départ.

Tir à la Cible.

Art. 43. — Le tir à la cible a lieu au polygone.

Chaque samedi matin, les corps qui désirent y aller dans la semaine suivante, en font la demande sur leur rapport.

Le dimanche, la Place fait connaître aux corps, les jours et heures de la semaine qui leur sont attribués.

Il ne peut être établi que quatre tirs à la fois.

Afin que les cibles extérieures soient suffisamment dépassées par la butte, pour éviter les accidents, elles sont espacées de 12 mètres entre elles, les deux intérieures le sont de 16.

Des piquets indiquent l'emplacement des cibles.

Une seule compagnie à la fois peut exécuter les feux de peloton ou de deux rangs; dans ce cas les panneaux sont placés au milieu de la butte.

Afin d'empêcher le commerce des projectiles, les Chefs de corps doivent prendre les précautions les plus minutieuses pour faire rechercher les balles après chaque tir; un Officier ou Sous-Officier doit présider à cette recherche.

Le matériel du tir est réuni dans un local spécialement affecté à cette destination dans la caserne de la Doua, il est consigné à un sergent qui en est le gardien. Chaque corps, en se rendant au tir, recevra, contre un bon signé par le Chef de la troupe, le matériel qui lui sera nécessaire; après le tir terminé, ledit matériel sera réintégré et remis en état par le corps qui en aura fait usage. Le gardien du matériel présidera à cette opération à la suite de laquelle il rendra le bon précité.

Le papier, la colle, le noir et les pinceaux seront fournis par le corps caserné à la Doua, le gardien du matériel en surveillera l'emploi.

La dépense résultant des réparations sera répartie entre les corps qui ont concouru au tir à chaque mouvement de camp, c'est-à-dire tous les trois mois. Aux termes de l'article 37 du règlement du 30 juin 1856, les travaux d'appropriation du champ de tir doivent être exécutés autant que possible par les corps.

L'Officier chargé du tir doit tenir la main à l'entretien des travaux de consolidation des terres, et demander, à cet effet, à la Place, les corvées nécessaires.

En outre, dans chaque corps les hommes chargés de mettre les cibles en place, doivent enlever les pierres qui peuvent se trouver dans le champ de chute des balles, et donner lieu à des ricochets dangereux.

Prisons.

Art. 44. — Les Officiers traduits devant les conseils de guerre sont envoyés à la prison militaire des Recluses.

Ceux punis disciplinairement sont envoyés au fort Saint-Irénée.

Dans l'un et l'autre cas le Commandant de la Place doit être prévenu la veille, afin qu'il puisse prendre les dispositions nécessaires pour assurer le logement de ces Officiers.

Les Officiers détenus aux Recluses sont nourris par l'Agent principal. Ceux de Saint-Irénée tirent leurs vivres de l'une des cantines de la garnison du fort, le prix en est débattu par eux dans les limites fixées par le règlement du 9 mars 1852, excepté cependant les Officiers punis pour dettes, dont le prix de pension est réglé par le Commandant de la Place, sur la demande des Chefs de corps

Les Officiers détenus à la prison des Recluses paient en outre la location de leur ameublement, à raison de 10 francs par mois pour les Lieutenants et les Sous-Lieutenants, et 15 francs pour les Capitaines.

Le motif de la punition doit toujours être porté à la connaissance du Commandant de la Place, afin qu'il puisse le relater sur ses registres. Quand un Officier puni disciplinairement a terminé sa punition, le Chef de corps l'envoie prendre à la prison par un Adjudant-Major.

Les Sous-Officiers, Caporaux et Soldats traduits devant les conseils de guerre, et ceux destinés aux compagnies de discipline, sont toujours écroués à la prison militaire des Recluses. Pour ces derniers, les Chefs de corps doivent très-exactement prévenir le Commandant de la Gendarmerie.

Toutes les fois que les Chefs de corps ou fraction de corps ont un militaire à faire conduire sous l'escorte de la Gendarmerie, ils doivent en faire la demande au Général commandant la Division ou la Subdivision (voir l'art. 354 du Règlement sur la Gendarmerie, *Journal Militaire*, 1854, 1er semestre, page 490).

Les Sous-Officiers, Caporaux et Soldats, punis disciplinairement, sont envoyés aux Recluses, ils y sont écroués et font mutation à leurs corps ; ils sont reçus sur un billet d'écrou conforme au modèle U.

A l'expiration de la punition d'un disciplinaire, il est conduit le matin au bureau de la Place et remis au Sous-Officier d'ordre pour être ramené au corps ; l'Adjudant de semaine en envoie le reçu par le Sous-Officier d'ordre, à 2 heures.

Les effets d'habillement, dont doivent être pourvus les Sous-Officiers, Caporaux et Soldats envoyés disciplinairement à la prison des Recluses, sont :

1° Le pantalon n° 2 ;

2° Le bonnet de police ;

3° { La capote du 1er octobre au 30 avril, { La veste du 1er mai au 30 septembre.

Le service de santé de la prison est fait par l'un des médecins du corps caserné dans le fort.

Les corps partants envoient prendre la veille du départ leurs hommes détenus disciplinairement, ils font préalablement viser le billet de levée d'écrou à l'Etat-Major de la Place.

Entrée aux Hôpitaux.

Art. 45. — Les militaires envoyés à l'hôpital, doivent y être rendus le matin à 7 heures ; ils y sont conduits par un Sous-Officier, porteur des billets et des livrets. Il ne peut être dérogé à cette mesure que pour des cas urgents.

Les militaires entrant à l'hôpital, déposent leur argent et leurs bijoux entre les mains de l'Officier d'administration chargé de ce service.

MM. les Officiers sont exceptés de cette mesure.

Lorsqu'un militaire est reconnu atteint de maladie vénérienne, il doit être tenu, sous peine de punition, de déclarer le nom et l'adresse de la femme qui lui a communiqué le mal.

Un Bulletin, conforme au modèle V, est envoyé à la Place qui le transmet à la police, il doit être revêtu du cachet du Chef de corps. Il est bien entendu que le bulletin ne sera envoyé qu'autant que la maladie aura été contractée à Lyon.

Sortie de l'Hôpital.

Art. 46. — Les corps devront envoyer chercher par un Sous-Officier chargé de les conduire à leurs casernes, les militaires sortant de l'hôpital; ils les font prendre le soir à 4 heures. Les Adjudants sont responsables de la non-exécution de cet ordre.

Tout militaire puni de prison pour faute contre la discipline, ou passible d'un Conseil de guerre ou de discipline, et se trouvant dans le cas d'être admis aux hôpitaux, devra être signalé immédiatement à M. le Général commandant la Place, afin qu'il puisse être pris contre lui les dispositions prescrites par l'article 744 du Règlement du 3 avril 1831 sur les hôpitaux.

Lorsqu'un militaire déjà en traitement à l'hôpital, viendrait à se trouver dans l'un des cas ci-dessus désignés, M. le Général commandant la Place devra en être également informé dans le plus bref délai.

Hommes morts en dehors de l'Hôpital.

Art. 47. — Conformément à une circulaire du 5 novembre 1843, non inscrite au *Journal Militaire*, et dont un extrait suit, tout militaire mort à la Caserne ou ailleurs, par suite de causes imprévues, inexpliquées ou de mort violente, doit être transporté à l'hôpital militaire à titre de dépôt. Toutefois, cette translation ne peut avoir lieu qu'après que le Commissaire de police, chargé de constater le décès, aura ordonné le transport dans l'établissement.

Extrait de la Circulaire ministérielle du 5 novembre 1843.

« Paris, le 5 novembre 1843.

« Messieurs, l'ordonnance du 12 août 1836 a ouvert des cours de médecine légale dans les hôpitaux militaires. Pour atteindre le but de cette ordonnance, il m'a paru nécessaire que les corps de tous les militaires décédés hors de ces établissements, soit de mort violente, soit par suite de causes imprévues ou inexpliquées, y fussent transportés à titre de dépôt, aussitôt après l'accomplissement des formalités qui doivent en pareil cas précéder la levée des cadavres. J'ai jugé aussi qu'indépendamment de l'intérêt scientifique, il y aurait avantage à affranchir les corps de troupes des embarras qu'ils éprouvent, lorsque des militaires meurent à la caserne.

« M. le Ministre de l'intérieur et M. le Garde des sceaux ont donné leur assentiment à cette mesure, et il a été arrêté de concert, qu'à l'avenir, lorsqu'un décès de la nature ci-dessus indiquée surviendra dans les localités à proximité desquelles il existe un hôpital militaire, le Commissaire de police, chargé de le constater, ordonnera, à moins de circonstances extraordinaires, le transport du cadavre dans cet établissement, où les autorités administratives et judiciaires ne devront d'ailleurs éprouver aucun obstacle à continuer les opérations qui leur paraîtront convenables pour s'assurer des causes de la mort; si même elles jugeaient l'autopsie nécessaire, cette opération pourrait également y être faite en leur présence, par tels Officiers de santé qu'elles désigneront.

« Quant aux frais qui résulteront du transport des cadavres, ils seront acquittés par l'Officier d'administration comptable de l'hôpital, et cette dépense devra figurer dans son compte de l'exercice courant.

« *Le Président du Conseil, Ministre Secrétaire d'Etat de la Guerre,*

« Signé : Maréchal Duc de Dalmatie. »

4

*Permissions
d'entrer
à l'Hôpital.*

Art. 48. — Les Sous-Officiers et Soldats sont admis à visiter les malades les dimanches et jeudis de 1 heure à 3 heures, sur une permission signée du Sous-Intendant ayant la police de l'hôpital.

Chaque Chef de corps reçoit un certain nombre de ces permissions, pour les donner aux demandeurs. Elles lui sont retournées le lendemain des jours de visite.

Il est expressément défendu aux visiteurs, ainsi qu'aux militaires de service, d'introduire aucune espèce d'aliments ou de boissons. Les visiteurs ne peuvent refuser de se laisser fouiller.

Perruquiers.

Art. 49. — Les perruquiers vont raser à l'hôpital et à la prison le mardi et le vendredi ; ils sont conduits et ramenés en ordre par un Caporal, ils doivent être rendus à midi ; ils y vont à tour de rôle et par semaine ; la Place les commande. Le Caporal conducteur est porteur d'un bulletin indicatif du nombre de perruquiers qu'il est chargé de conduire ; ce bulletin est présenté au visa de l'Officier d'administration de garde, et envoyé le lendemain par les soins de l'Adjudant de semaine au bureau de la Place, avec les autres pièces et rapports habituels.

*Troupes
qui se
rencontrent.*

Art. 50. — Lorsque des troupes se rencontrent dans les rues, elles appuient réciproquement à droite, et se conforment pour les honneurs à se rendre aux prescriptions de l'article 322 du décret du 13 octobre 1863.

*Honneurs
funèbres
et
Inhumations*

Art. 51. — Des députations, dont la composition est fixée par la Place, assistent aux convois funèbres des Officiers décédés en activité.

Des députations assistent également aux convois funèbres des Officiers en retraite, quand la famille de ces derniers le demande.

Conformément aux Circulaires du 9 mai 1825 (*Journal Militaire*, 1er semestre, page 104) et du 30 avril 1849, il est interdit d'inhumer les militaires morts aux hôpitaux, avec aucune pompe extérieure. Ce n'est donc que par pure tolérance que cela se fait quelquefois à Lyon, mais la demande doit toujours en être adressée au Commandant de la Place, qui reste seul juge si elle doit être accordée ou refusée.

Lorsqu'il s'agit d'un Sous-Officier, le Commandant de la Place règle le nombre des Sous-Officiers des autres corps qui devront assister au Convoi funèbre ; dans ce cas, un des Adjudants du régiment du défunt est chargé du maintien de l'ordre pendant la cérémonie.

Lorsqu'il s'agit d'un Soldat, c'est un Sous-Officier qui est chargé de ce soin

Aucune inhumation ne peut avoir lieu sans que la déclaration préalable ait été faite à la Mairie, et sans que l'autorisation en ait été donnée par elle.

Aucun discours funèbre ne peut être prononcé sans une autorisation expresse du Préfet ; en conséquence, lorsque MM. les Chefs de corps auront le désir qu'un discours soit fait sur la tombe de l'un de leurs surbordonnés dédédé, ils devront s'adresser préalablement à ce magistrat.

*Permissions
d'entrer
dans
les Forts
et Casernes.*

Art. 52. — Aucun étranger non-militaire ne peut entrer dans les forts que sur une permission écrite du Commandant de Place.

Aucun étranger non-militaire, excepté les employés du Génie et de l'Administration, ne peut avoir des entrées libres dans les casernes pour y exercer une industrie quelconque que sur la permission du Commandant de la Place, soumise à l'approbation du Chef de corps quant à la vente.

Affiches.

Art. 53. — Aucune affiche, excepté celle des jugements militaires, ne peut être placardée dans les Casernes sans l'autorisation du Commandant de la Place.

Balayage. **Art. 54.** — Les corps sont tenus, comme les particuliers, de faire balayer et entretenir proprement la voie publique aux abords et alentours de leurs casernes. Ils doivent en cela se conformer aux règlements sur la voirie, et à défaut de se conformer à ces règles, communes à tous les propriétaires, ils peuvent y être contraints judiciairement et par amende.

L'ordre ci-dessous indique les règles de police établies à ce sujet :

Ordre de la Place du 31 juillet 1854.

Les règlements de police municipale, relatifs au balayage et à l'arrosage de la voie publique, étant applicables aux corps occupant les casernes situées sur cette voie, le Commandant de la Place rappelle ici les principales dispositions de l'arrêté préfectoral en date du 11 mai 1852, qui régit la matière, afin que ces prescriptions puissent recevoir une rigoureuse exécution de la part des corps de troupes :

« Art. 1er. — Tous les habitants de la ville occupant des locaux quelconques aux rez-de-chaussée des maisons, sont tenus de faire balayer complétement chaque jour la voie publique au devant desdits locaux.

« Les cours, allées et autres emplacements dépendant de ces maisons ou locaux, doivent être également balayés tous les jours.

« Ces obligations sont communes aux administrations occupant ou possédant des bâtiments publics ou particuliers.

« Art. 2. — Le balayage se fait jusqu'au ruisseau dans les rues à chaussée fendue ; dans les rues à chaussée bombée, il se fait jusqu'au milieu de la chaussé.

« Art. 3. — Les boues et immondices seront déposées près du ruisseau de manière à ne pas gêner l'écoulement des eaux si la rue est à chaussée bombée, et à un mètre des maisons, si la rue est à chaussée fendue ; il ne pourra être formé qu'un seul tas devant chaque maison.

« Art. 4. — Le balayage se fait le matin de chaque jour à 6 heures, du 1er avril au 1er octobre, et à 7 heures du 1er octobre au 1er avril.

Le balayage doit être terminé au moment du passage des tombereaux affectés à l'enlèvement des boues et immondices.

« Art. 5. — Il est défendu de déposer dans les rues, sur les places et quais, des ordures, immondices, etc. après le passage des voitures de nettoiement.

« Art. 6. — Il est défendu de déposer sur la voie publique, les bouteilles cassées, les morceaux de verre, de poteries, et autres objets de même nature ; ils doivent être portés directement aux voitures de nettoiement.

« Art. 7. — Dans les temps de gelée, on est tenu de faire casser les glaces et balayer la neige devant les habitations, dans tout l'espace prescrit par l'article 1er.

Les glaces et neiges seront mises en tas comme il est prescrit pour les boues à l'article 3.

« Art. 8. — Il est défendu de déposer dans les rues et sur les places, aucune neige ou glace provenant de l'intérieur des cours après le passage des tombereaux de nettoiement.

« Art. 11. — Pendant toute la durée des chaleurs, l'arrosage de la voie publique a lieu à 7 heures du matin, et à 3 heures de l'après-midi ; il doit être fait jusqu'à 6 mètres du mur sur les places et quais, et jusqu'au milieu de la chaussée dans les rues.

Le présent ordre sera affiché en permanence dans tous les corps de garde des polices des casernes occupées par les troupes de la garnison, pour y servir de consigne, et MM. les Chefs de corps donneront les ordres nécessaires à sa stricte exécution et à son renouvellement quand besoin sera.

« *Le Commandant de la Place,*

« Signé : GRIFFON. »

Subsistants.

Art. 55. — Les militaires étrangers à la garnison, appelés à Lyon pour un motif de service quelconque, sont mis en subsistance au dépôt des isolés, un des corps de la garnison est chargé de leur administration.

En cas d'émeute, l'Officier qui commande le dépôt les fait armer, s'il le peut, et en dispose pour la défense des casernes. — Lorsqu'un corps quitte la garnison, son Chef envoie l'avant-veille du départ au Général commandant la Subdivision et la Place un état nominatif et en double expédition (Modèle V *bis,*) des militaires du corps subsistant d'autre corps, et enfants de troupe de toute provenance à laisser ou verser en subsistance dans l'un des corps de la garnison, afin que le Général puisse leur donner une destination.

Les militaires en subsistance sont soumis aux mêmes règles de tenue et de discipline, et par conséquent de surveillance, que ceux de la garnison, MM. les Chefs de corps qui les administrent, doivent donner des ordres à ce sujet et veiller à leur exécution.

Militaires
en
témoignage.

Art. 56. — Le corps qui en subsistance a des militaires appelés en témoignage, ne doit point leur laisser quitter la place que l'affaire pour laquelle ils avaient été appelés ne soit terminée, ce qui leur est notifié par le Commissaire.

Les corps qui quittent la garnison doivent avoir soin d'y laisser les militaires qui auraient à comparaître comme témoins dans quelque affaire, ils sont envoyés à la Place pour être mis en subsistance dans le corps chargé de ce service.

Les témoins doivent toujours se présenter en grande tenue devant les Conseils. Le Chef du corps qui administre les subsistants prend les dispositions nécessaires pour exiger l'exécution de cette mesure de leur part, et rend compte des corps qui auraient négligé d'envoyer ces militaires avec leurs effets de grande tenue.

Rues et
maisons
défendues.

Art. 57. — La liste des maisons et rues défendues doit être lue en arrivant à trois appels consécutifs d'onze heures, et ensuite le 1er samedi de chaque mois.

Cette liste est affichée dans un lieu apparent de chaque chambrée (Voir le Tableau X).

Bains.

Art. 58. — Tous les ans à l'époque des chaleurs, il est assigné à chaque régiment un lieu pour les bains.

Il est expressément défendu aux militaires d'aller se baigner isolément. Un service de surveillance est établi pour les empêcher.

Il leur est surtout interdit de se baigner dans les fossés des forts et dans ceux d'enceinte, ces fossés étant extrêmement dangereux.

Main-forte.

Art. 59. — Tout militaire, qu'il soit ou non de service, doit prêter main-forte aux agents civils ou militaires de l'autorité dans l'exercice de leurs fonctions.

Ordre de la Division.

(Du 16 mars 1851.)

Incendies
et
Inondations.

Art. 60. — Le Commandant de la Place de Lyon prendra les mesures nécessaires, pour que toutes les fois que le feu éclatera quelque part le jour ou la nuit, il en soit informé sur-le-champ, et qu'il connaisse le lieu et le degré de gravité de l'incendie.

De son côté, le Commandant de la Place en donnera avis à l'instant au Général commandant en chef et à l'Officier Général commandant la Brigade, dont les troupes sont appelées par leur position à porter les secours nécessaires.

Il en donnera également avis à l'Etat-Major de la Division, à l'Intendance, aux Directeurs et Chefs d'artillerie et du génie de la Place et aux différentes casernes.

Il sera envoyé immédiatement dans chaque caserne d'infanterie, qui devra fournir les troupes de secours, un piquet d'hommes armés et une corvée de travailleurs composée comme il est indiqué au tableau Z.

Un Officier de santé de l'un des corps de la garnison se rendra immédiatement sur le lieu de l'incendie, pour donner les premiers secours aux personnes qui auraient été blessées, il se tiendra dans un lieu qu'il aura soin de faire connaître des pompiers et des troupes, afin qu'on puisse toujours le trouver et lui amener les blessés.

Le tableau Z indique les troupes dont les Officiers de santé doivent se rendre sur le lieu de l'incendie.

Si le feu présente quelque gravité, l'avis en sera donné à toutes les troupes. Dans ce cas elles se réuniront dans leurs quartiers, la moitié en armes, l'autre moitié en tenue de travail (veste et bonnet de police). Elles y attendront de nouveaux ordres.

Les Chefs de corps doivent prendre leurs mesures d'avance, afin que le cas échéant, et en leur absence, ces dispositions puissent recevoir une prompte exécution.

Tous les Officiers de troupe et les Officiers de santé des corps se rendront à leurs postes. La cavalerie restera dans ses quartiers, les chevaux sellés prêts à monter à cheval.

Les canonniers servant les différentes batteries se rendront près de leurs pièces, et les conducteurs resteront à leurs chevaux harnachés et attendront des ordres.

Les Officiers Généraux, les Officiers d'Etat-Major se rendront également sur le lieu de l'incendie pour les ordres à donner et à transmettre.

Tous les postes de la place se conformeront à la consigne générale et aux consignes particulières; ceux que cela concerne, feront de suite doubler les sentinelles des dépôts de munitions, ainsi que celles placées près des caisses publiques.

Lorsque le feu se déclarera dans un bâtiment militaire, les travaux de troupes seront dirigés par le Chef du génie de la Place.

Lorsque ce sera dans un bâtiment civil, ils le seront par le Commandant des pompiers.

Le Commandant de la Place, de concert avec les autorités civiles, veillera à ce qu'aucune autre personne ne se mêle de l'indication ou de la direction des travaux, et ne trouble ni n'entrave ceux qui auront été ordonnés.

Toutes les personnes qui ne seront pas nécessaires aux travaux, seront tenues écartées du lieu de l'incendie, afin d'éviter tout encombrement, ainsi que la confusion et le désordre qui en sont la suite.

Les Officiers et Sous-Officiers ne s'occuperont que de leur troupe, et ne devront point forcer les particuliers à se mettre à la chaîne, cela regardant exclusivement les autorités civiles et la police municipale.

Des dispositions analogues seront prises en cas d'inondations.

Le présent ordre sera transmis sur les registres d'ordre, lu aux troupes de la garnison et affiché dans les quartiers.

Au Quartier-Général à Lyon, le 16 mars 1851.

Le Général commandant supérieur des 7e et 8e Divisions militaires,
Signé : De Castellane.

Lorsqu'il y aura lieu de demander des récompenses pour services rendus dans les inondations ou incendies, les mémoires de proposition doivent toujours être accompagnés de certificats de l'autorité civile, conformément à la Circulaire ministérielle du 4 août 1835, et à la Circulaire du 15 juillet 1843.

Ces deux pièces se trouvent das les bureaux de la Place.

Voir la Circulaire ministérielle du 20 décembre 1834, insérée au *Journal Militaire,*

(2ᵉ semestre 1834, page 278) et pour le modèle de proposition celle du 11 juin 1844 (page 576).

Emeutes.

Art. 61. — En arrivant à Lyon, les corps reçoivent du Général commandant la Place les instructions relatives aux emplacements à occuper en cas d'émeute.

A la moindre apparence d'effervescence publique, ou d'émeute sérieuse, les militaires qui seraient en ville doivent en toute hâte se rendre à leurs quartiers respectifs, s'ils y trouvaient de l'empêchement, ils se rendraient au plus rapproché.

Si l'ont craignait que les Officiers fussent empêchés de rejoindre leurs troupes, des piquets sortant des casernes iraient les dégager, et les conduiraient à leurs quartiers.

En tout temps, il est défendu aux militaires de se mêler aux attroupements ou rassemblements quelconques.

Abonnements au Théâtre.

Art. 62. — Les conditions d'abonnement au Théâtre sont réglées de la manière suivante :

Par mois :
- Officiers Supérieurs......................... 14 fr. »
- Capitaines .... 12 fr. »
- Lieutenants et Sous-Lieutenants.............. 10 fr. »

Pour prix de l'abonnement, l'administration garantit aux abonnés 16 représentations. MM. les abonnés auront droit à toutes celles données en plus, excepté le samedi qui est réservé.

MM. Les abonnés n'auront pas droit à leur entrée aux Célestins les jours de fermeture au Grand-Théâtre.

L'abonnement donne droit à toutes les places excepté les loges, les stalles et les fauteuils.

Les abonnements se paient à l'avance et par mois, commençant le 1ᵉʳ pour finir le 30 ou le 31.

Les abonnements sont individuels et facultatifs.

MM. les Officiers non abonnés et leurs femmes paient demi-place aux 1ʳᵉˢ galeries du Grand-Théâtre; s'ils veulent aller aux loges, aux fauteuils ou aux stalles, ils paient le même supplément que tout le monde. Ce supplément se prend au contrôle.

Le service des figurants est facultatif.

Dans les théâtres et autres lieux publics, les militaires de tout grade sont soumis aux mêmes règles de police que les autres spectateurs, et la tenue doit y être conservée dans toute son exactitude.

Les Officiers ne jouissent d'aucune réduction sur le prix d'entrée au Théâtre des Célestins.

Chevaux des Officiers supérieurs d'Infanterie.

Art. 63. — Les chevaux de MM. les Officiers supérieurs des troupes à pied sont reçus et soignés gratuitement à l'école vétérinaire, sans autre condition que l'apport régulier des rations.

Tabac à prix réduit.

Art. 64. — Les Chefs de corps ou portions de corps font parvenir très-exactement le 8, 18 et 28 de chaque mois, avant midi, au directeur des Contributions indirectes, rue de Jarente, 24, l'état des fumeurs par caserne; cet état est conforme au modèle ci-après.

Les casernes y seront toujours indiquées sous la même dénomination que celle portée au tableau Y *bis*, qui fait connaître le bureau où chacune d'elles doit aller s'approvisionner. Les Sous-Officiers et Soldats sont avertis qu'il ne leur sera délivré le tabac à prix réduit que dans le bureau indiqué sur les bons dont ils seront porteurs.

Le 1er, 11 et 21 de chaque mois, les Chefs de corps ou fractions de corps enverront un Officier par corps ou un Sous-Officier comptable par fraction de corps, désigné à l'avance au bureau de l'administration, pour recevoir les bons de tabac en raison du nombre de fumeurs porté sur les états.

e Régiment

ÉTAT *indiquant le nombre de fumeurs dans chaque caserne*

INDICATION des CASERNES	NOMBRE DE FUMEURS dans CHAQUE CASERNE	OBSERVATIONS

Certifié le présent état au nombre de (en toutes lettres) fumeurs.
Lyon, le
Le Colonel (ou Chef de corps),

Lorsque des corps, portions de corps ou détachements quitteront la garnison, ils devront, avant leur départ, compléter leur approvisionnement en tabac de cantine, jusqu'au jour de leur arrivée à destination, en s'adressant directement à M. le directeur sur un bon conforme à celui ci-dessus.

Les Sous-Officiers, Caporaux et Soldats devront être avertis que le montant des bons qui leur seront remis ne pourra être touché qu'à Lyon, et que le tabac qui leur sera délivré forme l'approvisionnement pour toute la route.

e Régiment

APPROVISIONNEMENT DE ROUTE

ÉTAT *indiquant le nombre de fumeurs partant le*
pour se rendre à   où ils arriveront le

INDICATION des CASERNES	NOMBRE DE FUMEURS dans CHAQUE CASERNE	OBSERVATIONS

Certifié le présent état au nombre de (en toutes lettres) fumeurs.
Lyon, le
Le Colonel (ou Chef de corps),

Modèles.   **Art. 65.** — Il est expressément recommandé de se conformer exactement aux divers modèles annexés à la présente instruction.

Tout état ou rapport demandé par la Place doit, à moins d'ordre contraire, être du format de 0,20 c. de largeur sur 0,29 c. de hauteur.

Tout ce qui ne serait pas rigoureusement conforme à ces prescriptions, sera renvoyé pour être refait.

ᵉ Régiment A

SITUATION *pour régler le service du* 18

GRADES	Disponibles pour le service	Recrues n'ayant pas 20 j. de service	Perruquiers		Travailleurs pour l'artillerie	Employés divers	Infirmerie	Détachés		Total des présents	Absents, aux hôpitaux, en congé, etc.	Effectif	Vacances	OBSERVATIONS
						PRÉSENTS SOUS LES ARMES								
État-Major														Nombre de Compᶦᵉˢ faisant le service dans Lyon.
Capitaines														
Lieuteᵇˢ et S.-Lieutⁿᵗˢ.														
Totaux														
Compagnie hors rang.														
Sergents-Majors														
Sergents														
Fourriers														
Caporaux														
Soldats														
Clairons														
Tambours														
Totaux														

COMPOSITION des Gardes de police et Drapeau

	SERGENTS	CAPORAUX	SOLDATS	TAMBOURS
Brotteaux				
Part-Dieu				
Charpennes				
Totaux				

(Voir l'art. 41).

NOMS des Officiers, Sergents et Caporaux des compagnies dispensés du service de la place, pour cause de service particulier en fonctions spéciales.

OFFICIERS

M.   Capitaine, f. f^{ons} de

M.   Lieutenant, f. f^{ons} de

M.   Sous-Lieutenant, f. f^{ons} de

SERGENTS

. . . . .   Garde-Magasin.

CAPORAUX

. . . . .   Employés à l'Infirmerie.

Soldats portés dans la colonne des Employés divers.

Employés à

Lyon, le   18

Le Capitaine Adjudant-Major,

Nota. — On ne doit indiquer ici que les Capitaines, Lieutenants, Sous-Lieutenants, Sergents et Caporaux de compagnies qui, appelés réglementairement à faire le service de la Place, en sont dispensés en raison de fonctions spéciales, accidentelles ou temporaires.

^e **Régiment**

B

ETAT *nominatif par rang d'ancienneté de MM. les Officiers supérieurs et Capitaines.*

MM.	GRADES	DE LA PROMOTION AU GRADE		OBSERVATIONS
		PRÉCÉDENT	ACTUEL	

Lyon, le   18

Le Capitaine-Adjudant-Major,

e **Régiment**

C

ÉTAT *de casernement, au*   18

DÉSIGNATION des CASERNES ET FORTS	CONTENANCE de locaux à la disposition du corps			INDICATION des bataillons ET COMPAGNIES	EFFECTIF		NOMBRE d'officiers logés		CHEVAUX	OBSERVATIONS (1)
	Officiers	Troupes	Chevaux		PRÉSENT	GÉNÉRAL	Capitaines	Lieutenants		
La Part-Dieu........	»	»	»	4e, 5e et 6e compies	300	325			1	
				Total.......	300	325			1	
Fort des Brotteaux....	»	»	»	1e, 2e et 3e compies						
				Total........						
Chevaux d'officiers non logés dans les écuries de l'État (2).										
Totaux généraux...										

Vu :

Vu par le Commandant,   Le Col

Personnel,

(1) Indiquer dans cette colonne l'emplacement des magasins et ateliers.

(2) Pour l'Infanterie et la Cavalerie seulement, si les Officiers supérieurs d'Infanterie ont leurs chevaux dans les écuries de l'État, il doit en être fait mention, en indiquant le nom de l'écurie et le nombre de chevaux logés.

Lyon, le

L'Officier chargé du casernement,   18

(Verso du Mod. C.)

DÉTACHEMENTS.

Une Compagnie 2ᵉ à.............   du 1ᵉʳ mars 1864.

Trois   id.   3ᵉ, 4ᵉ et 5ᵉ à......   du

Noᴛᴀ. — *Lorsque les Corps n'auront pas de détachements, on ne fera pas d'inscription.*

e **Régiment d**

C bis

ETAT présentant les emplacements et le nombre de fournitures des Lits militaires

DÉSIGNATION des CASERNES	NOMBRE de fournitures complètes	Effectif en Sous-Officiers, Soldats, Enfants de troupe et Blanchisseuses patentées			NOMBRE DE FOURNITURES			NOMBRE DE couchettes et chalits	OBSERVATIONS
		PRÉSENTS subsist^{ts} compris	ABSENTS	EFFECTIF TOTAL subsists compris	D'OFFICIERS	D'INFIRMERIE	DE SALLE de POLICE		

Vu :
Le Capitaine ff^{on} de Major,

Lyon, le
L'Officier chargé du casernement,

D

Régiment

ÉTAT *nominatif de MM. les Officiers et Sous-Officiers susceptibles de remplir des fonctions judiciaires.*

NOMS et PRÉNOMS	GRADES	AGES	FONCTIONS qu'ils sont susceptibles de remplir	DEMEURES	NOTES du CHEF DE CORPS	NOTES du GÉNÉRAL DE BRIGADE ou CHEF D'ARME

Lyon, le

CERTIFIÉ PAR LE COLONEL :

ᵉ **Régiment**

E

ÉTAT de logement de MM. les Officiers pendant le mois de

NOMS	GRADES	DÉSIGNATION des rues et numéros DES MAISONS ET ÉTAGES	CASERNEMENT
MM.		ETAT-MAJOR	(1)
MM.		CAPITAINES	
Laverge	Capitaine..	rue Kléber, nᵒ 1, au 4ᵉ	Part-Dieu.
MM.		LIEUTENANTS	
MM.		SOUS-LIEUTENANTS	

Lyon, le

18

L'Adjudant-Major de semaine,

NOTA. — Cet état devra être établi sur feuille simple et du format de 0,20 centimètres sur 29. Les officiers absents, à quelque titre que ce soit, y seront inscrits en ayant soin de mettre en regard de leur nom le motif de leur absence, en congé, à l'hôpital, détaché, etc. etc.

(1) On mettra dans cette colonne, en regard du nom de chaque Officier, le nom de toutes les casernes occupées par les troupes qu'il commande, ou auxquelles il est attaché. Fournir 3 expéditions.

8ᵉ DIVISION MILITAIRE

—

Place de Lyon

F

ᵉ **Régiment**

SITUATION sommaire des Officiers, Sous-Officiers et Soldats présents et disponibles à Lyon à l'époque du

EMPLACEMENTS	BATAILLON	COMPAGNIES	FORCE dans chaque EMPLACEMENT			OBSERVATIONS
			OFFICIERS	TROUPE	CHEVAUX	
Fort des Brotteaux......	14ᵉ	1ʳᵉ, 2ᵉ et 3ᵉ compagnie				
Caserne de la Part-Dieu.	id.	4ᵉ, 5ᵉ et 6ᵉ id.				
		Total.....				
		Effectif............				

Lyon, le 18

NOTA. — Adresser cette situation directement au chef d'État-Major de la 8ᵉ Division militaire, rue Ravez, n° 3, les 1ᵉʳ, 8, 16 et 24 de chaque mois.

Le Colonel commandant le régiment,

6

G

Régiment

(1) CASERNE DE LA PART-DIEU

M. MOWAT, Adjudant-Major de semaine

Service du 1er au 2 juillet 1868

Officier Supérieur dirigé sur la Division   M. Séverin, Chef de Bataillon.
De visite de jour sur la 1re Division du   à heures, M.
De ronde de nuit sur la 2e Division   à heures, M.
    Id.   3e —
    Id.

POSTES	NOMS DES			NOMBRE DE		OBSERVATIONS
	OFFICIERS	SERGENTS	CAPORAUX	SOLDATS	CLAIRONS	
						(1)
DE GARDE						
Place Bellecour............	M. Brunelière, cne	Paris.	Charles et Morin.	50	1	
Pont Morand.............	»	»	»	»	»	
PLANTONS						
Quartier-Général	»	La Place.	»	»	»	
PIQUETS ET PATROUILLES						
Conseil de guerre........	»	Lefebvre.	Mouquin.	16	»	
SERVICES DIVERS						
Perruquiers à l'hôpital.....	»	»	Jean.	4	»	
Surveillance aux Brotteaux..	»	Colombé.	Calami.	»	»	

(Verso du Mod. G)

RAPPORT du 14 au 15 Juin 1861

Reçus.......................... } Le mot d'ordre

Demandes.....................

Faits divers. — Événements......

Mutations d'Officiers (1).........

Officiers malades (2)...........

Changements de logements des Officiers Supérieurs..........

Hommes qui ont découché......

Malades à la chambre..........

Punitions infligées par la Place....

Patrouilles..................... Caserne de   sortie à   heures, rentrée à   heures.

| | HOMMES | | | | SUBSISTANTS d'autres CORPS | CHEVAUX y compris ceux des Officiers |
| | OFFICIERS | | TROUPE | | | |
	Présents	Absents	Présents	Absents		
Au 14, il existait						
Gains...........						
TOTAUX..........						
Pertes...........						
Situation au 15						

(1) Ces mutations doivent être très-sommaires.

(2) Indiquer lorsqu'ils reprennent leur service.

Lyon, le

L'Adjudant-Major de semaine,

H

TABLEAU des réserves à laisser dans les forts et casernes

DÉSIGNATION des FORTS ET CASERNES	FORCE DES PIQUETS PENDANT LA SEMAINE						DIMANCHES ET FÊTES						FORCES qui doivent rester dans les forts et quartiers en cas d'alerte ou d'émeute					
	Capitaines	Lieutenants	Sergents	Caporaux	Soldats	Clairons	Capitaines	Lieutenants	Sergents	Caporaux	Soldats	Clairons	Capitaines	Lieutenants	Sergents	Caporaux	Soldats	Clairons
Caserne du Bon-Pasteur			1	1	15			1	2	2	30	1						
Fort Saint-Laurent				1	8			1	1	2	20	1						
Fort Saint-Jean			1	1	15			1	1	2	20			1	2	4	73	1
Fort Montessuy			1	1	10			1	1	2	13			1	2	4	53	1
Fort Caluire										1	8			1	1	2	36	1
Fort Loyasse			1	1	10				1	1	15			1	2	4	53	1
Fort Saint-Irénée			1	1	10				1	1	15			1	2	4	54	1
Fort Saint-Just			1	1	10				1	1	15			1	2	4	43	1
Fort Sainte-Foy									1	1	10			1	1	2	36	1
Arsenal			1	1	15			1	1	2	20	1	La Cie d'Ouvriers et une Cie d'Infanterie.					
Caserne Perrache				1	10			1	1	2	25	1						
Fort de la Tête-d'Or																		
Fort des Charpennes														1	1	2	36	1
Fort des Brotteaux			1	1	10				1	2	13		1	1	2	4	92	2
Caserne de la Part-Dieu			1	1	20				1	1	20			1	1	2	26	1
Fort du Colombier				1	8				1	1	10			1	1	2	26	1
Fort Lamotte			1	2	15			1	1	2	20		1	2	4	6	168	2
Fort de la Vitriolerie				1	8				1	1	10			1	2	4	53	1
Fort Villeurbanne				1	8				1	1	10			1	2	4	43	1
Soiran				1	8				1	1	10							
Bissuel																		
Fortin de Vaise															1	2	26	1
Caserne Serin			1	1	15				1	2	25							
Fort de la Duchère				1	10				1	1	15		1	1	4	8	66	2

Nota. — Les canonniers auxiliaires fournis par l'infanterie, ainsi que les gardes, doivent être compris au nombre de la garnison laissée dans les forts.

Lorsque plusieurs corps sont logés dans la même caserne, la place répartit entre eux le service.

En cas d'alerte, tous les corps, quand même aucun ordre ne serait donné, prendront deux jours de biscuit de réserve.

ᵉ **Régiment**

TABLEAU *indiquant le nombre de canonniers auxiliaires à fournir dans chaque fort par les corps d'infanterie qui les occupent.*

DÉSIGNATION DES FORTS	NOMBRE D'AUXILIAIRES	OBSERVATIONS
Montessuy....................	21	
Caluire.......................	13	
Saint-Jean.....................	40	
Tête-d'Or.....................	9	Fournis par le corps occupant les Charpennes.
Charpennes, 14ᵉ Batᵉ...........	9	
Brotteaux, 14ᵉ Batᵉ...........	17	
Part-Dieu.....................	»	
Villeurbanne..................	20	
Redoute des Hirondelles........	»	
Lamotte......................	27	
Colombier....................	8	
Vitriolerie...................	23	
Sainte-Foy...................	10	
Redoute Sainte-Foy............	»	
Saint-Irénée..................	20	
Saint-Just....................	12	
Lunette de Loyasse............	»	
Lunette des Fossoyeurs........	»	
Loyasse......................	21	
Fortin de Vaise...............	9	
La Duchère...................	»	
Bastion 6.....................	»	
Batterie de Pierre-Scize........	9	Fournis par le corps occupant le fort Loyasse.

J

TABLEAU indiquant les forts où sont exercés les divers détachements de canonniers auxiliaires

DÉTACHEMENTS	FORTS où ils se rendent POUR ÊTRE EXERCÉS	OBSERVATIONS
Redoute de la Tête-d'Or.......... Fort des Charpennes............ Fort des Brotteaux .... Fort de Villeurbanne............	Fort des Brotteaux	
Fort Lamotte.................. Fort du Colombier.............. Fort de la Vitriolerie............	Fort Lamotte.............	
Fort Sainte-Foy................ Fort Saint-Irénée.............. Caserne Saint-Just..............	Fort Saint-Irénée..........	
Fort Loyasse.................. Batterie de Pierre-Scize.......... Fortin de Vaise...............		
Fort Saint-Jean................	Fort Saint-Jean...........	
Fort Montessuy................ Fort Caluire..................	Fort Montessuy..........	

NOTA. — Réponse au rapport du 24 octobre 1868 établit que tous les corps de la rive droite de la Saône seront exercés au fort St-Irénée ; Loyasse est donc supprimé.

Les exercices auront lieu les *mardis* à St-Irénée et St-Jean.

—   les *jeudis* à Lamotte, Brotteaux et Montessuy.

K

DIVISION des postes pour la visite de jour des Officiers supérieurs

<table>
<tr><td colspan="2" align="center">DIVISION DU</td></tr>
<tr><td align="center">MIDI</td><td align="center">NORD</td></tr>
<tr><td>

Porte du Manége.
Magasin à fourrage de la Part-Dieu.
Mairie de la Guillotière.
Place Bellecour.
Hôpital militaire.
Prison militaire.
Quartier général.
Manufacture des tabacs.
Arsenal.
Écuries Bissuel (cavalerie).
Archevêché.
État-Major de la place,
Prison Saint-Joseph.
Maison d'arrêt.
Caserne des Passagers.
Clos Saint-Georges.
Palais de Justice.

</td><td>

Ancienne mairie de Vaise.
Magasin à fourrage Pierre-Scize.
Hôtel-de-Ville.
Pont Morand.
Banque.
Mont-de-Piété.
Mairie de la Croix-Rousse.

</td></tr>
</table>

NOTA. — *Ce Tableau n'est point donné comme itinéraire, chaque Officier devant tracer le sien suivant son point de départ.*

L

DIVISION *des postes pour les visites de jour des Capitaines et rondes de nuit des Lieutenants et Sous-Lieutenants.*

DIVISIONS		
1re	2e	3e
Magasin à fourrage de Pierre-Scize.	Magasin à fourrage (Part-Dieu.)	Place Bellecour.
Hôpital des Collinettes (jour seulement).	Porte extérieure ou du manége.	Quartier général.
	Mairie de la Guillotière.	Prison militaire.
	Mont-de-Piété.	Manufacture des tabacs.
	Palais de Justice.	Prison St-Joseph (Perrache.)
	Banque.	Maison d'arrêt (1).
	Pont Morand.	Arsenal.
	Hôtel-de-Ville.	Hôpital militaire.
		Ecuries Bissuel (cavalerie).
		Clos St-Georges.
		Caserne des passagers, n'est plus visitée par les rondes de nuit du 15 juillet 1866.

Nota. Ce tableau n'est point donné comme itinéraire, chaque officier devant tracer le sien suivant son point de départ.

L'Hôtel-de-Ville et la place Bellecour ne sont point visités par les Capitaines.

(1) L'Officier de ronde de nuit ne va pas à ce poste qui n'a pas de sentinelle extérieure.

L *bis*

TABLEAU *temporaire pour les visites de jour et rondes*

1re DIVISION	2e DIVISION
Quartier général.	Mairie de la Guillotière.
Arsenal.	Missions africaines.
Maison d'arrêt.	Part-Dieu (porte du Manége).
Prison Saint-Joseph.	Part-Dieu (Magasin à fourrages).
Prison des Recluses.	
Hôpital militaire.	
État-Major de la Place.	

M

e **Régiment**

RAPPORT *du Capitaine de visite aux Hôpitaux et Prisons dans la journée du*

Repas du   (matin ou soir.)

Service commencé à   *fini à*

Propreté et tenue des chambres ....

Régime alimentaire.........

Réclamations des malades....

Réclamations des détenus....

Observations sur la tenue des postes et des consignes....

NOTA. Le capitaine de visite à l'hôpital militaire verra le poste détaché à la salle des consignes. Il se fera présenter les consignes, et s'assurera de leur exécution. Il visitera la prison militaire dite des Recluses. Il relatera exactement et dans les mêmes termes sur son rapport les observations qu'il aura été dans le cas de consigner sur le registre de l'hôpital ou de la prison. (Voir plus loin.)

Lyon, le

Le Capitaine de visite,

Extrait du Règlement sur le service des Hôpitaux militaires.

Art. 913. — L'Officier de visite déguste, tant à la cuisine qu'à la dépense, et en présence du Comptable ou de l'un des Officiers d'administration, le bouillon, le vin et les autres aliments, et après en avoir reconnu la qualité, il inscrit et signe son avis sur un registre ouvert à cet effet. Il indique en même temps l'heure à laquelle la visite a eu lieu.

Art. 914. — L'Officier de visite ne peut donner aucun ordre dans l'hôpital, ni s'immiscer dans les détails de l'administration. S'il reçoit des réclamations de la part des malades, il doit d'abord, pour mieux les apprécier, prendre des renseignements, soit auprès des Officiers de santé, de garde, soit auprès des Officiers d'administration, suivant qu'elles sont relatives au service de santé ou au service administratif, et rendre ensuite compte au Commandant de la Place de celles de ces réclamations qui lui ont paru fondées.

Extrait du Règlement sur le service des Prisons.

Art. 104. — Les prisons sont visités tous les jours par un Officier de la garnison. L'Agent principal accompagne l'Officier de visite, et satisfait à toute question concernant la nourriture des détenus, et la propreté des chambres et cellules.

Art. 105. — L'Officier de visite reçoit les réclamations des détenus, et les transmet au Commandant de la Place, il peut appuyer celles qui lui paraissent fondées.

Art. 109. — Il est ouvert dans les prisons un registre spécial, sur lequel l'Officier de visite consigne le résultat de ses observations.

PLACE DE LYON

^e **Régiment**

RAPPORT *de (l'Officier supérieur ou des Capitaines) de visite de jour sur la* (indiquer la division)
le
Service commencé à *heures, fini à* *heures.*

Manière dont servent les Chefs de postes	
Tenue des gardes et des corps-de-garde (1)	
Postes trouvés en défaut et genre de défaut	
Punitions infligées par l'Officier de visite (2)	
Appréciation sur la manière dont se fait le service en général	
Evénements et faits qui ont attiré l'attention de l'Officier pendant son service	
Arrestations	

(1) Signaler les postes dont tous les hommes ne seraient pas dans la tenue prescrite par la Place, et dont les corps-de-garde ne seraient pas dans un état de propreté et d'arrangement convenables.

(2) Les Officiers de visite doivent indiquer les noms des militaires punis, leurs grades, leurs corps, l'espèce, le motif et la nature de la punition.

Lyon, le

PLACE DE LYON

e **Régiment**

O

RAPPORT de l'Officier de ronde de nuit sur la (1re, 2e ou 3e) Division, du   au   18

Service commencé à   heures, fini à   heures

Manière dont servent les chefs de poste.	
Vigilance des sentinelles.	
Postes trouvés en défaut et genres de fautes.	
Punitions infligées par l'officier de ronde. (1)	
Appréciation sur la manière dont se fait le service en général.	
Événements ou faits qui ont attiré l'attention de l'Officier pendant son service.	
Arrestations.	

Lyon, le   187

(1) Les Officiers de service doivent indiquer les noms des militaires punis, leurs grades, leurs corps, le motif, l'espèce et la durée de la punition.

7

PLACE DE LYON

O *bis*

e **Régiment**

RAPPORT de l'Officier commandant le piquet de surveillance à

Service du   commencé à   heures, fini à   heures

Composition du Piquet.....	Officier. Sergents-Majors. Fourriers. Caporaux.
Lieux parcourus..........	
Événements et Faits divers.	
Arrestations..............	
Remarques sur la tenue et la conduite des militaires en général (1).............	

L'Officier commandant le Piquet,

(1) Indiquer si, en général, la tenue est régulière ou non ; si les militaires se conduisent d'une manière convenable ; si l'on en a vu qui fussent ivres et s'ils étaient en grand nombre.

Q

ᵉ **Régiment**

ÉTAT *de ce qui est dû par la Banque de Lyon pour le service fait par ledit régiment pendant le mois d*

DÉSIGNATION des POSTES.	COMPOSITION.			NOMBRE de JOURS	SOMME due PAR JOUR	DÉCOMPTE	OBSERVATIONS
	Sergents.	Caporaux	Soldats.				
	TOTAL.....				TOTAL.........		

VU ET APPROUVÉ :
Le Colonel commandant la Place,

Reçu de M. le Directeur de la Banque, la somme de

Lyon, le

Le Commandant du Bataillon,

Le modèle ci-dessus servira à faire payer le service du Crédit Lyonnais, à raison de 1 franc pour le Sergent et de 50 cent. par soldat, soit, au total, 3 francs..

8ᵉ DIVISION MILITAIRE

PLACE DE LYON
—
Mois d

ᵉ **Régiment**

Poste du Mont-de-Piété, ou gare de Perrache

DÉCOMPTE *des sommes dues pour le service du poste préposé à la garde du Mont-de-Piété pendant le mois d*

DATES des JOURS de SERVICE	DÉSIGNATION DU CORPS qui a fourni les postes.	EFFECTIF		PRIX de la journée par		NOMBRE DE JOURNÉES		SOMMES dues aux		TOTAL A PAYER	OBSERVATIONS
		caporaux	soldats	caporaux	soldats	caporaux	soldats	caporaux	soldats		
1ᵉʳ au 31	14ᵉ bataillon de Chasseurs	1	8	» 75	» 50	31	248	23.25	124	147.25	
								TOTAL		147.25	

VU PAR LE GÉNÉRAL
COMMANDANT LA PLACE,

Le Chef de Bataillon commandant le 14ᵉ Bataillon de Chasseurs à pied, invite M. le Directeur du Mont-de-Piété à faire payer entre les mains de M.   adjudant sous-officier audit Bataillon, et sur sa quittance, la somme de   due pour le service du Mont-de-Piété, conformément à la décision du Général de division, en date du 29 août 1839.

Lyon, le

8

R

TARIF *des services accidentels payés.*

	PRIX		
	SERGENTS	CAPORAUX	SOLDATS
Pour un service qui dure toute la nuit ou jusqu'à 4 heures du matin	2 »	1 50	1 »
— jusqu'à 2 heures du matin ou plus tard	1 50	1 »	» 80
— jusqu'à minuit ou plus tard	1 25	» 90	» 75
— jusqu'à 10 heures ou 11 heures du soir.	1 »	» 75	» 60
Pour la journée à partir de midi jusqu'à 10 heures du soir	1 50	1 »	» 75
Figurants au spectacle (le caporal n'est payé que quand il figure).	» »	» 40	» 40

NOTA. Les piquets fournis à l'extérieur pour l'Ile-Barbe et autres lieux, se paient comme les autres services qui durent toute la nuit, quand ils ne dureraient pas plus de 12 heures.

Sergents . . . . . 2 »
Caporaux 1 50
Soldats . . . . . . 1 »

Emplacements pour battre la Retraite

EMPLACEMENTS	CASERNES	ITINÉRAIRES
Place Bellecour	Caserne Perrache	Place et quai de la Charité, cours Perrache.
		La place de la Charité et le quai du Rhône.
	Arsenal	Rue Bourbon, place Perrache et cours Charlémagne.
	Bissuel	La rue Bourbon, place Perrache.
Place de la mairie de la Guillotière . .	Fort Villeurbanne	Cours de Brosses et route de Villeurbanne.
	Id. Lamotte	Grande rue de la Guillotière, rue de la Madeleine et rue du Repos.
	Id. Colombier	Rue Béchevelin, rue Montesquieu et chemin de Gerland.
	Id. de la Vitriolerie	Rue Passet, place des Squares et quai de la Vitriolerie.
	Caserne de la Part-Dieu, 2e Brigade Cav.	Rue Moncey et rue Servient.
Place Morand aux Brotteaux	Fort des Brotteaux	Cours Morand et Vitton.
	Id. des Charpennes	Chemin de Ronde, rue de Sèze, avenue de Saxe, place St-Pothin,
	Caserne de la Part-Dieu, 1e Brigade Cav.	Avenue de Vendôme et cours Lafayette.
Sur les glacis du fort Sainte-Foy . .	Fort Sainte-Foy	
Id. Loyasse	Fort Loyasse	
Id. Montessuy et Caluire .	Fort Montessuy	
	Id. Caluire	
Place des Terreaux	Fort Saint Laurent	Rue Romarin, place Croix-Pâquet, montée Saint-Sébastien.
	Bon Pasteur	Rue Romarin, place Croix-Pâquet, rue Imbert-Colomès et rue Neyret.
Place des Macchabées	Fort Saint-Irénée . . . .)	La rue des Farges.
	Fort Saint-Just	
En face du poste du pont Serin . . .	Caserne Serin et ses annexes	Montée de la Butte.
	Fort Saint-Jean	

T

COMPOSITION *et itinéraire des patrouilles à faire*
par les troupes occupant les forts et casernes.

La Vitriolerie. (1 *Caporal et* 8 *Soldats.*)

Explore le terrain compris entre le Rhône, la Mairie, la Grande rùe de la Guillotière, l'église Saint-Louis, le fort du Colombier et le fort de la Vitriolerie,

Fort du Colombier. (1 *Caporal et* 8 *Soldats.*)

Fait le tour du fort et explore le terrain compris entre le Chemin de Gerland et celui de la Croix-Jordan, la Grande rue de la Guillotière, la rue Saint-Louis.

Fort Lamotte. (1 *Sergent,* 1 *Caporal,* 12 *Soldats.*)

Fait le tour du fort et explore le terrain compris entre la rue des Trois-Rois, le cours de Brosses et la rue de Marseille.

Fort Villeurbanne. (1 *Sergent* 10 *Soldats.*)

Fait le tour du fort et explore le terrain compris entre le cours de Brosses, le cours Lafayette et la rue de Vendôme.

Caserne de la Part-Dieu. (1 *Sergent* 1 *Caporal et* 10 *Soldats.*) Infanterie.

Explore le terrain compris entre le chemin de Ronde et les quais de la rive gauche du Rhône depuis le cours de Brosses jusqu'au cours Lafayette.

Fort des Brotteaux. (1 *Sergent* 1 *Caporal et* 10 *Soldats.*)

Explore le terrain compris entre le chemin de Ronde et les quais de la rive gauche du Rhône, depuis le cours Lafayette, jusqu'au parc de la Tête-d'Or.

Ferme de la Doua. (1 *Brigadier* 5 *Soldats.*)

Explore le terrain compris entre le cours Vitton et les deux lignes de chemin de fer.

Saint-Laurent. (1 *Sergent,* 1 *Caporal et* 10 *Soldats.*)

Explore le terrain compris entre la rue du Chapeau-Rouge, la rue Pailleron, la Grande rue de la Croix-Rousse et la rue des Fossés.

Fort Saint-Jean. (1 *Caporal et* 8 *Soldats.*)

Explore sur le versant de la côte de la Croix-Rousse, le terrain compris entre la rue de la Tourette, la côte des Carmélites et la rue de l'Annonciade

Caserne du Bon-Pasteur. (1 *Caporal et* 8 *Soldats.*)

Explore le terrain compris entre la rue de la Tourette, la montée des Carmélites, la rue Saint-Marcel, la Grande-Côte et le boulevard de la Croix-Rousse.

Fort Loyasse. 1 (*Sergent, 1 Caporal et 8 Soldats*).

Explore le terrain compris entre le Bastion 6, la rue du Juge-de-Paix, la montée des Anges, la rue des Carmes-Deschaux, et celle de Montauban.

Fort St-Just. (1 *Caporal, 8 Soldats*).

Explore le terrain compris entre la rue de Trion, le chemin de la Favorite, l'embranchement du fort St-Irénée, la rue qui conduit de ce fort à celui de St-Just, se fait reconnaître au fort St-Irénée.

Fort St-Irénée. (1 *Sergent, 1 Caporal et 10 Soldats*).

Explore le terrain compris entre la ruelle des Pommiers, le chemin de la Favorite, la rue de Trion et la rue des Farges, fait le tour du fort et va se faire reconnaître au fort-Loyasse.

Fort Ste-Foy. (1 *Caporal et 8 Soldats*).

Passe derrière le fort St-Irénée, prend la rue des Poncettes, le chemin de Francheville, jusqu'à l'auberge des Quatre-Vents et va se faire reconnaître au fort St-Irénée.

Caserne de Perrache. (1 *Caporal 8 Soldats*).

Explore le terrain compris entre le Rhône et la Saône, depuis le pont de la Mulatière jusqu'à la rue Bayard.

Caserne de l'Arsenal. (1 *Sergent, 1 Caporal, 10 Soldats*).

Explore le terrain compris entre le Rhône et la Saône depuis la rue Bayard jusqu'aux rues de Penthièvre et Duhamel

Bissuel. (1 *Caporal, 6 Soldats*).

Explore le terrain compris entre le Rhône et la Saône, de la rue de Penthièvre jusqu'à la place Louis-le-Grand.

Caserne des Passagers. (1 *Caporal, 6 Soldats*).

Explore le quartier St-Georges jusqu'à la place St-Jean.

Caserne de Serin. (1 *Caporal, 8 Soldats*).

Explore le faubourg Serin, le faubourg de Vaise, les quais de la rive droite et de la rive gauche de la Saône, depuis le pont de Serin, jusqu'à la passerelle Saint-Vincent.

Fort de la Duchère. (1 *Caporal, 4 Soldats*).

Explore les environs du fort, le faubourg de Vaise, se fait reconnaître à l'ancienne mairie de Vaise et rentre.

U

BILLET D'ÉCROU

---

^e Régiment

L'agent principal de la prison militaire de Ste-Foy recevra le nommé

(Noms, prénoms, grade) puni disciplinairement par ordre du (Général, Colonel etc.) de (Nombre en toutes lettres) jours de prison pour (indiquer le motif de la punition).

Le nommé   sera conduit au bureau de la place le jour de l'expiration de sa punition.

Lyon, le

Le Commandant,

Vu :
A l'Etat-Major de la Place

Nota : La durée des punitions doit être exprimée en jours et non en mois, on doit dire 30 jours, et non un mois.

Un certificat de visite, signé d'un des médecins du corps et attestant que l'homme n'est atteint d'aucune maladie vénérienne ou cutanée, est joint au billet d'écrou.

Cet état sera établi sur
quart de feuille.

V

ᵉ **Régiment**

ÉTAT NOMINATIF *des militaires atteints de maladie vénérienne, et renseignements*

sur les femmes qui la leur ont communiquée.

NOMS DES MILITAIRES ATTEINTS DE LA MALADIE	NOMS ET ADRESSES DES FEMMES	OBSERVATIONS

Lyon, le

Vu : *Le Commandant,*   *Le Médecin-Major,*

ÉTAT NOMINATIF *des militaires et enfants de troupe laissés en subsistance par le* e *Bataillon de Chasseurs*
pour cause de départ.

CORPS auxquels ils appartiennent	NOMS ET PRÉNOMS	GRADES	MOTIFS de la mise en subsistance	DÉCISION DU GÉNÉRAL commandant la Subdivision et la Place	OBSERVATIONS
			Militaires du corps.		
			Subsistants d'autres corps.		
		(1)	**Enfants de troupe.**		(2)

Départ ou autres causes qu'on indiquera.

(1) On portera l'âge des enfants dans la colonne des grades.

(2) Porter dans cette colonne si l'enfant est près de ses père, mère, oncle ou tuteur, leur position, profession et adresse.

Nota. — Cet état est fourni au moins 3 jours avant le départ du corps.

Lyon, le

Le Commandant,

RUES et MAISONS *défendues aux militaires de la garnison*

ARRONDISSEMENTS auxquels elles appartiennent	DATE DE L'ORDRE qui a prescrit la défense	INDICATION DES MAISONS DÉFENDUES
1er		
2e	30 janvier 1862	Perrache, partie comprise entre les rues Suchet, Petit, Delandine et la place de l'Hippodrome.
	11 novembre 1862	Perrache, rue Dugas-Montbel, depuis la rue Delandine jusqu'à la rue d'Alger.
	20 juin 1861	Rue de la Fusillade.
	30 août 1861	Rues des Martyrs, Duguesclin.
3e	»	Rues Boileau, Sainte-Elisabeth depuis la rue Moncey jusqu'au cours Lafayette.
		Rues Rabelais, Bonnet et Dunoir, depuis la rue des Martyrs jusqu'aux rues Moncey et Ste-Elisabeth.
		Rue Moncey, depuis la rue Dunoir jusqu'à celle de Sainte-Elisabeth.
4e		
5e		
6e		

Y

^e Régiment

—————

REÇU *l'ordre de fournir aujourd'hui (ou demain matin)*   1871
un (piquet, corvée, etc.)   *composé de*   *officiers,*   *sergents,*
caporaux,   *soldats rendus à*   *heures*

Lyon, le

à   heures du

L'Adjudant-Major de semaine,

Y *bis*

TABLEAU *indiquant les débits de tabacs où les militaires doivent s'approvisionner, selon l'emplacement des casernes*

CASERNES ET FORTS	NOMS DES DÉBITANTS	ADRESSES des DÉBITANTS	Nº de chaque DÉBIT	OBSERVATIONS
Charpennes............ Brotteaux...............	M. Lesnier	Cours Vitton, 13	1	
Part-Dieu	Mme Ve Rey	Rue Moncey, 100	2	
Villeurbanne...........	Mlle Guerre	G.-R. de la Guillotière, 167	3	
Lamotte............... Colombier.............	Mlle Bon	Rue de la Madeleine, 40	4	
Vitriolerie.............	Mme Ve Cachod	Cours Perrache, 10	5	
Perrache..............	Mme Ve Guardet	Cours Perrache, 38	6	
Arsenal	Mme Ve Euvrard	Quai d'Occident, 8	7	
Bissuel...............	Mme Grangeneuve	Place Napoléon, 5	8	
Sainte-Foy............	M. Prion	Sainte-Foy	9	
Saint-Irénée	Mme Ve Durand	Rue des Macchabées, 10	10	
Saint-Just	Mme Ve Tulieras	Rue de Trion, 22	11	
Loyasse.............. Vaise	M. Moussu	Rue de Trion, 91	12	
Duchère..............	Mme Sanlaville	Champagne	14	
Serin	Mlle Conchon	Quai de Serin, 18	15	
Saint-Jean............	Mme de Gérando	Boulevard de l'Empereur	34	
Caluire............... Montessuy.............	Mme Ve Blanchard	Caluire	16	
Clos-Jouve............ Bon-Pasteur	Mme Ve Grasset	Montée des Carmélites, 13	17	
Saint-Laurent..........	Mme Couat	Rue Bodin, 5	19	
Hôpital des Collinettes...	Mme Ve Boulay	Côte Saint-Sébastien, 16	20	
Grand-Hôpital Militaire...	Mme Ve Destrées	Rue de la Charité, 7	21	
La Doua..............	Mme Ve Commerson	Charpennes	31	
Passagers	Mme Ve Boulachon	Rue Vaubecour, 6	30	
Camp de Sathonay......	Mme Collaud	Camp de Sathonay	27	
	Mme Charrière	Id.	28	
	M. Molard	Id.	29	

TABLEAU *indiquant les quartiers dans lesquels les troupes des différentes casernes doivent porter secours en cas d'incendie.*

DÉSIGNATION des CASERNES ET FORTS	FORCE DES DÉTACHEMENTS A ENVOYER SUR LE LIEU DE L'INCENDIE						QUARTIERS où LES SECOURS DOIVENT ÊTRE PORTÉS
	Capitaines	Lieutenants	Sergents	Piquet armé	Travailleurs	Officiers de santé	
	1	2	3	4	5	6	
Caluire.........	»	»	1	5	45	»	Croix-Rousse.
Montessuy.......	1	1	2	12	58	»	
St-Laurent......	1	1	2	14	66	»	
St-Jean.........	1	1	3	20	80	1	
Serin...........	1	2	6	25	160	»	
Serin...........	2	2	6	4	160	1	Faubourg de Serin.
St-Jean.........	1	1	3	20	80	»	
Vaise (fortin).....	»	»	1	5	24	»	
Loyasse.........	1	1	4	20	96	»	
Duchère.........	1	1	3	10	40	»	Faubourg de Vaise.
Vaise (fortin)....	»	»	1	5	24	»	
Loyasse.........	1	1	4	20	96	1	
Serin	2	2	6	40	160	»	
Caluire.........	»	»	1	5	16	»	Saint-Clair et faubourg de Bresse.
Montessuy.......	1	1	2	12	58	»	
St-Laurent	1	1	3	20	80	1	
Charpennes......	»	»	1	»	20	»	
St-Jean	1	2	3	20	80	»	Quartier compris entre le boulevard de l'Empereur, la place Bellecour et les deux rivières.
Serin	2	2	4	25	100	»	
St-Laurent	1	1	2	14	66	»	
Bon-Pasteur	1	1	3	20	80	1	
Charpennes......	»	»	1	»	20	»	Rive gauche du Rhône, les Brotteaux, partie comprise entre le Rhône et le chemin de ronde jusqu'au cours Lafayette.
Brotteaux........	1	1	2	10	60	1	
Part-Dieu (Inf^ie)...	1	2	3	25	95	»	
Villeurbanne	1	1	2	15	65	»	

DÉSIGNATION des CASERNES ET FORTS	FORCE DES DÉTACHEMENTS A ENVOYER SUR LE LIEU DE L'INCENDIE						QUARTIER où LES SECOURS DOIVENT ÊTRE PORTÉS
	Capitaines	Lieutenants	Sergents	Piquet armé	Travailleurs	Officiers de de santé	
	1	2	3	4	5	6	
Brotteaux........	»	1	2	10	60	»	Rive gauche du Rhône, la Guil-
Part-Dieu (Infie)...	1	2	3	25	95	»	lotière, partie comprise entre
Villeurbanne.....	1	2	2	15	65	»	le chemin de Ronde et le
Lamotte........	1	3	4	30	130	1	Rhône, depuis le cours La-
Colombier.......	»	1	2	10	48	»	fayette jusqu'au fort de la
Vitriolerie.......	1	1	3	20	80	»	Vitriolerie.
Loyasse.........	1	1	4	20	96	1	
Vaise (fortin).....	»	»	1	5	24	»	Rive droite de la Saône, partie
Serin	2	2	6	25	160	»	comprise entre le pont de
Bon-Pasteur......	1	1	3	10	80	»	Serin et le pont de Nemours.
St-Jean..........	1	1	3	15	80	»	
Ste-Foy	»	1	1	10	40	»	Rive droite de la Saône, partie
St-Irénée........	1	2	4	25	115	1	comprise entre le pont de
St-Just	»	1	1	8	30	»	Nemours et le pont de la
Arsenal.........	»	1	2	10	68	»	Mulatière.
Bissuel	1	1	4	15	80	»	
Bissuel	»	1	2	12	68	1	Quartier compris entre les deux
Arsenal	»	1	2	10	68	»	rivières, depuis les rues de la
Perrache	1	1	2	15	95	»	Barre et Louis-le-Grand jus-
Vitriolerie.......	1	1	3	10	103	»	qu'au pont de la Mulatière.

NOTA. — Le chiffre 1 porté dans la colonne n° 6, indique que le corps qui occupe la caserne en regard de laquelle ce chiffre est placé, fournira l'officier de santé qui doit se porter immédiatement sur le lieu de l'incendie. Cet officier sera toujours désigné à l'avance par le chef de corps.

Lorsque plusieurs corps occupent la même caserne, ils s'entendent entre eux pour la formation des contingents armés et non armés des incendies.

Lorsque les casernes ne sont pas complètement occupées, le détachement de travailleurs est du cinquième de l'effectif des troupes qui y sont logées. Le contingent armé est de 15 0/0 des travailleurs.

Tous les Tableaux de la présente Instruction se trouvent à la **Papeterie militaire de BONNAIRE,** rue Gasparin, 23, à Lyon.

RÉPERTOIRE